새로 나온 《기탄한자》- 어린이들로부터 사랑받는 학습지가 되겠습니다.

●《기탄한자》를 고대하신 여러분께 감사드립니다.

그 동안 《기탄수학》, 《기탄국어》 등의 교재를 사용해 보시고 《기탄한자》가 나오기를 고대하신 여러분들께 감사드립니다.
학부모님들의 열화 같은 요청에 의하여 오랜 연구와 각고끝에 드디어 《기탄한자》가 선을 보이게 되었습니다.
그 동안 저희 연구진이 할 수 있는 최선의 노력을 기울여서 만든 작품이니만큼 결코 실망시키지 않으리라 확신하며 사랑받는 학습지로 더욱 심혈을 기울여 나가겠습니다.

●한자를 모르고는 공부를 잘 할 수 없습니다.

학부모님들도 잘 아시다시피, 우리말의 약 70% 정도가 한자어로 구성되어 있으며 수학, 사회, 과학 등 각 교과서의 학습용어 대부분이 한자로 되어 있습니다. 따라서 한자를 초등 학교 저학년 때부터 미리 알면 어휘를 정확하게 이해하게 되어 언어생활을 바르게 할 수 있게 됩니다. 뿐만 아니라 다른 교과의 내용도 심도 있게 이해할 수 있는 기초 능력을 길러 주게 되어 저절로 성적이 쑥쑥 향상될 수 있습니다.
한자를 모르고는 결코 좋은 성적을 내기가 어렵습니다.

●이제 한자 학습은 필수! 《기탄한자》로 시작해 보십시오.

21세기는 세계의 중심축이 한자 문화권에 놓이게 될 것입니다. 따라서 공통문자 또는 국제문자로서의 한자의 역할이 증대될 것입니다. 《기탄한자》는 이러한 국제 사회의 흐름에 발맞추어 한자를 쉽고 재미있게 정복할 수 있도록 9단계 교재로 엮어 놓았습니다.
적은 비용으로 최고효과를 거둘 수 있도록 기획된 《기탄한자》, 지금 곧 시작해 보십시오.

《기탄한자》 - 개인별 · 능력별 프로그램식 학습교재입니다.

1 모두 9단계의 교재로 만들었습니다.

《기탄한자》는 A단계에서 I단계까지 총 9단계로 구성된 학습지입니다.
각 단계는 모두 4권으로 4개월 동안 학습할 수 있게 구성되어 있으며, A단계부터 I단계까지 모두 36권으로 36개월(3년) 정도가 소요됩니다.

2 1주일에 4자씩, 1달에 16자, 1년에 200여 한자를 익힐 수 있습니다.

《기탄한자》는 1주일에 4자씩 새로운 한자를 익히게 구성되어 있어서, 1달 과정이 끝나면 16자의 한자를 익힐 수 있습니다.
한 단계는 4권으로 구성되어 있어 모두 600여 한자를 학습할 수 있습니다.
※ G~I단계에는 한 주에 5자씩 수록되어 있습니다.

3 기초한자 학습부터 한자급수시험까지 상세하고 완벽하게 대비하였습니다.

《기탄한자》의 총 9단계 중 A~C단계 교재는 새로이 발표된 교육부 선정 한자를 위주로 하여 초등 학교 저학년 어린이들에게 필요한 기초 생활한자를, D~F단계 교재는 초등 학교 고학년 어린이들에게 필요한 기초 생활한자를 익힐 수 있도록 구성되어 있으며, G~I단계 교재는 한자급수시험 대비를 겸하여 꾸며져 있습니다.

4 부담없는 반복 학습으로 효과가 확실합니다.

《기탄한자》는 매주 부담없게 4~5자씩 새로운 한자를 익히며 그 동안 배운 한자를 다양한 학습 방법을 통하여 반복해서 익힐 수 있도록 재미있게 구성하였습니다.

■ 기탄한자 단계별 학습내용 ■

단계	학습내용
A~C단계	초등 학교 저학년에게 필요한 교육부 선정 한자 192자 및 부수 학습
D~F단계	초등 학교 고학년에게 필요한 교육부 선정 한자 192자 및 부수 학습
G~I단계	교육부 선정 240자 위주, 한자급수시험 대비

《기탄한자》는 치밀하게 계산된 학습 시스템으로 일반 학습 교재와는 전혀 다릅니다.

1 자신감이 생기는 학습

한자문맹 「흔들리는 교육」이란 제목 하에 우리 나라 최고 명문대에서 학생들이 한자를 제대로 알지 못해서 수업이 제대로 되지 못한 사건이 발생했다고 신문에 기사화 되어 충격을 준 적이 있습니다.

현재 대부분의 학생들은 물론 일반인들까지 부모나 형제 자매의 이름을 제대로 쓰는 사람이 드물다는 것이 전문가들의 대체적인 시각입니다.

《기탄한자》로 지금 시작해 보십시오.

초등 학교 때부터 하루 10분 정도만 학습하면 한자가 익숙해져 자연스럽게 한자문맹에서 해방됩니다. 초등 학교 때부터 자연스럽게 신문이나 잡지도 볼 수 있게 되어 자신감이 생기고 따라서 성적도 쑥쑥 올라가게 됩니다.

《기탄한자》, 자녀에게 자신감을 키워줍니다.

2 올바른 학습 습관이 생기는 학습

《기탄한자》는 어린이들에게 한자학습이 재미있고 흥미로운 것이라는 인식을 심어 줄 수 있도록 다양한 형식과 체제로 구성하였습니다. 따라서 가정에서는 어린이의 생활습관을 규칙적으로 꾸며 가도록 지도해 주시는 것이 중요합니다.

《기탄한자》로 매일 일정한 시간에 일정량을 꾸준히 공부하다 보면 생활 리듬이 일정해져 공부시간도 틀에 잡히고 효과적인 학습도 가능해져 '몸에 맞는' 올바른 학습습관이 생기게 됩니다.

3 집중력이 생기는 학습

공부는 많이 하는데 성적이 오르지 않는 어린이는 집중력이 약하기 때문입니다.

《기탄한자》는 매일 2~3장을 10분안에 학습하는 훈련을 반복함으로써 자연스럽게 집중력이 최고로 강화될 수 있도록 하였습니다.

《기탄한자》는 매일 10분 학습으로 집중력을 길러주는 학습 시스템입니다.

4 창의력이 생기는 완전학습

창의력이란 아무것도 없는 데서 새로운 것을 찾는 능력이 아니라 이미 알고 있는 것에서 조금 다른 것을 찾는 능력이라고 합니다.

이러한 창의력은 어떻게 생길까요? 바로 다양한 체험을 통해서 가능해집니다.

《기탄한자》는 다양한 학습체험을 통해 읽고, 쓰고, 깨달음으로써 자연스럽게 창의력을 키워주어 완전학습으로 나가게 해줍니다.

교재 학습 방법

1 교재 선택

처음 한자 학습을 시작하는 어린이는 교재의 첫부분 A단계부터 시작해 주십시오.

그 동안 한자 학습을 진행한 어린이는 자신의 능력과 수준에 맞추어 교재를 선택하되 학습자의 능력보다 약간 낮은 단계부터 시작하는 것이 효과적입니다. 학습자의 능력보다 수준이 높은 교재를 선택하면 공부에 흥미를 잃어 중도에서 포기하기 쉽습니다.

2 교재 활용

교재는 한 권이 4주분으로 한 달간 학습할 수 있도록 편집되어 있습니다. 교재를 구입하시면 주저하지 마시고 먼저 1주일 분량씩 분리해서 매주 1권씩 어린이에게 주십시오. 한꺼번에 교재를 주면 어린이가 부담스러워 학습을 미루거나 포기하기 쉽습니다(교재가 잘 나누어지도록 제작되어 있음).

3 교재 학습

매주 새로운 한자를 4~5자씩 배울 수 있게 계획되어 있습니다. 매일 일정한 시간을 정해놓고 하루에 2~3장씩 10분 정도 학습할 수 있게 지도해 주십시오. 매일 배운 한자를 여러 형태로 음과 뜻, 짜임, 활용 등을 활용 반복해서 학습할 수 있게 되어 있으므로 밀리지 않고 차근차근 따라하면 기초 한자를 쉽게 정복할 수 있습니다. 어린이의 학습의욕과 성취도에 따라 학습량을 조절해 주시되 무리하게 학습을 시키지 않도록 유의해 주시고 스스로 공부하는 바른 습관이 붙도록 해 주십시오.

4 자녀의 학습 관리

어머니는 이 세상의 그 어느 선생님보다도 더 훌륭한 최상의 선생님으로 어머니의 사랑으로 자녀를 가르칠 때 그 효과가 가장 높다는 것이 교육학자들의 일반적인 견해입니다. 자녀들이 학습한 내용들을 일 주일에 한 번씩 날짜를 정해놓고 5~10분간만 투자해서 확인해 주시고 관심을 보여 주십시오. 그리고 칭찬해 주십시오. 칭찬을 잘 하는 어머니가 공부를 잘 가르치는 최고의 선생님이란 것을 잊지 마십시오. 어머니의 관심도에 비례해서 자녀의 한자실력이 쑥쑥 자라난다는 것도 잊지 마세요.

학습을 시작하기 전에 꼭 읽어 주세요

다음에 소개되는 내용을 꼭 외울 필요는 없습니다.
금방 이해가 가지 않는 내용도 있을 것입니다.
그러나 교재를 풀다 보면, '아하! 그 말이었구나.' 하고
느끼면서 저절로 알게 될 내용들입니다.
그러나 중요한 것이라서 자주 보고 읽어 두어야 합니다.
그래야만 한자를 쉽게 익힐 수 있으니까요.

1. 한자의 3요소

한자는 3가지 중요한 것으로 구성되어 있습니다. 한자 공부를 잘 하려면 이 3가지를 항상 같이 익혀야 합니다.

(1)한자의 뜻(훈) (2)한자의 소리(음) (3)한자의 모양(형)

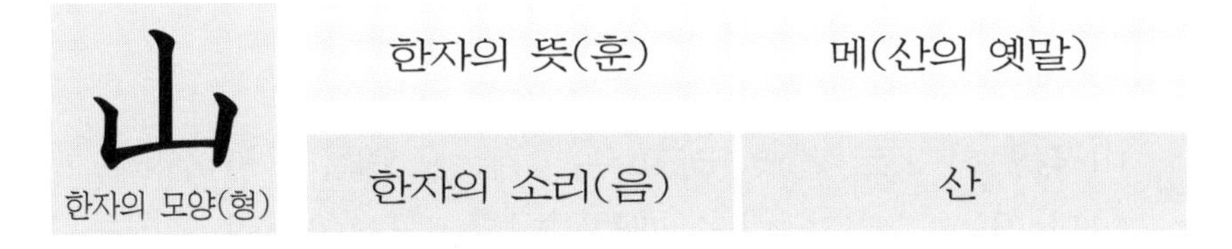

2. 한자는 이렇게 만들어졌다.

모든 한자는 크게는 3가지, 작게는 6가지 원칙으로 만들어진 글자입니다.

(1) 기본 한자

1)눈에 보이는 사물을 본떠서 만들었습니다.
날 일(日) 등이 그러합니다.

2)눈에는 보이지 않지만, 뜻을 부호로 표시했습니다.
한 일(一), 위 상(上) 등이 그러합니다.

(2) 합쳐서 만든 한자

1)이미 만들어진 사물 모양의 한자들을 합쳐서 만들었습니다.
동녘 동(東), 수풀 림(林) 등이 그러합니다.

2)사물 모양의 한자와 부호 한자를 합쳐서 만들었습니다.
한자의 음(소리)은 합쳐진 한자 중 하나와 같습니다.
물을 문(問), 공 공(功) 등이 그러합니다.

(3) 운용 한자

1)어떤 한자에 다른 뜻과 다른 소리를 내도록 만든 한자로서
원래 한자의 뜻과 관계가 있습니다.

예 惡이란 한자는 원래 '악할 악' 자입니다. 그러나 악한 사람들을 모두가 미워한다는 뜻으로 '미워할 오' 자로도 씁니다.

2)외국어로 표기할 때 원래의 뜻과는 아무 상관 없이 비슷한 한자로 표시합니다.

예 미국을 한자로 美國이라고 쓴 이유는 美國이 중국말로 '음메이꿔' 라는 소리가 나기 때문입니다. 즉 '아메리카' 라는 발음이 가장 가까운 것이 美國이란 한자입니다.

3. 획이란 무엇인가요?

펜을 떼지 않고 한 번에 쓸 수 있는 점이나 선을 획이라고 합니다. 한자의 획수란 그 한자의 총 획이 몇 번인가를 말합니다.
획수는 한자 사전에서 모르는 한자를 찾을 때 다음에 소개할 부수(部首) 만큼 중요한 것입니다.

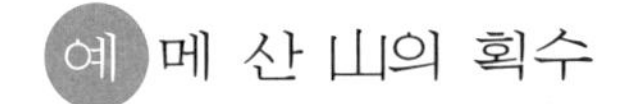

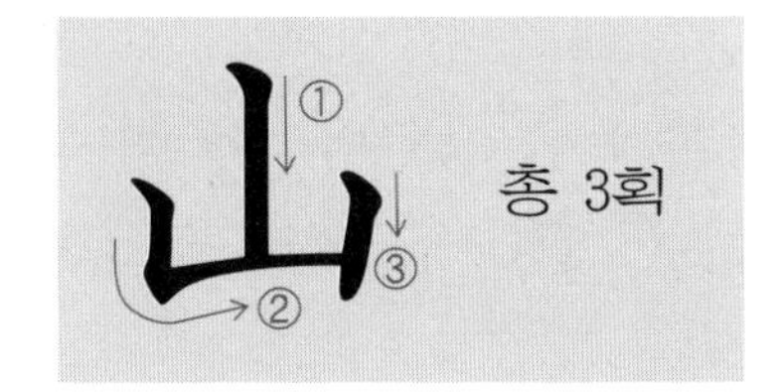

4. 부수(部首)를 알면 한자가 보인다.

(1) 부수(部首)란 무엇인가?

앞으로 이 책에는 부수(部首)란 말이 매우 많이 나옵니다. 그만큼 한자에서는 부수(部首)가 중요하다는 뜻이겠지요? 그렇다면 부수(部首)란 도대체 무엇일까요?

부수(部首)란 합쳐서 만들어진 한자 중에서 서로 공통되는 부분을 말합니다.

예를 들어, 큰산 악(岳), 언덕 안(岸), 봉우리 봉(峰), 고개 현(峴) 등에는 공통적으로 메 산(山)이 들어 있지요? 그리고 예를 든 모든 한자가 산(山)과 관계가 있음을 알 수 있습니다.

(2) 부수(部首)의 종류

부수(部首)는 놓이는 위치에 따라서 그 이름이 달라집니다.

변

한자의 왼쪽에 위치한 부수를 변이라고 합니다.

예) 바다 해 海(氵 물 수변, 삼수변)

방

한자의 오른쪽에 위치한 부수를 방이라고 합니다.

예) 고을 군 郡(阝 우부방)

머리
한자의 위쪽에 위치한 부수를 머리라고 합니다.
예) 편안할 안 安(宀 갓머리, 집 면)

엄
한자의 위에서 왼쪽 아래로 걸쳐진 부수를 엄이라고 합니다.
예) 사람 자 者(耂 늙을 로엄)

발
한자의 밑에 위치한 부수를 발이라고 합니다.
예)충성할 충 忠(心 마음 심발)

받침
한자의 왼쪽에서 아래로 걸친 부수를 받침이라고 합니다.
예) 멀 원 遠(辶 책받침)

에울몸
한자의 전체를 에워싸고 있는 부수를 에울몸이라고 합니다.
예) 넉 사 四(囗 에울 위, 큰입 구몸)

제부수
그 한자의 자체가 부수인 것을 제부수라고 합니다.
예) 높을 고 高(高 높을 고부수)

개인별 · 능력별 학습 프로그램

B 단계 교재 B181a-B195b

이번 주에 배울 한자

前	後	多	短
앞 전	뒤 후	많을 다	짧을 단

금주평가	읽 기	쓰 기	이번 주는?
	Ⓐ 아주 잘함	Ⓐ 아주 잘함	· 학습방법 ① 매일매일 ② 가끔 ③ 한꺼번에 - 하였습니다.
	Ⓑ 잘함	Ⓑ 잘함	· 학습태도 ① 스스로 잘 ② 시켜서 억지로 - 하였습니다.
	Ⓒ 보통	Ⓒ 보통	· 학습흥미 ① 재미있게 ② 싫증내며 - 하였습니다.
	Ⓓ 부족함	Ⓓ 부족함	· 교재내용 ① 적합하다고 ② 어렵다고 ③ 쉽다고 - 하였습니다.

♣ 지도 교사가 부모님께	♣ 부모님이 지도 교사께

종합평가	Ⓐ 아주 잘함	Ⓑ 잘함	Ⓒ 보통	Ⓓ 부족함

원교 반 이름 전화

기초 탄탄한 교육 · 기초 탄탄한 학습
G 기탄교육
www.gitan.co.kr / (02)586-1007(대)

지난 주에 배운 한자를 다시 한 번 써 보세요.

왼 좌	왼 좌	왼 좌	왼 좌	왼 좌
左				

오른 우	오른 우	오른 우	오른 우	오른 우
右				

안 내	안 내	안 내	안 내	안 내
内				

밖 외	밖 외	밖 외	밖 외	밖 외
外				

 이번 주에 배울 한자를 큰 소리로 읽어 보세요.

앞 전

뒤 후

많을 다

짧을 단

앞 전(前)에 대해 알아봅시다.

전이라고 읽습니다.
앞이라는 뜻입니다.

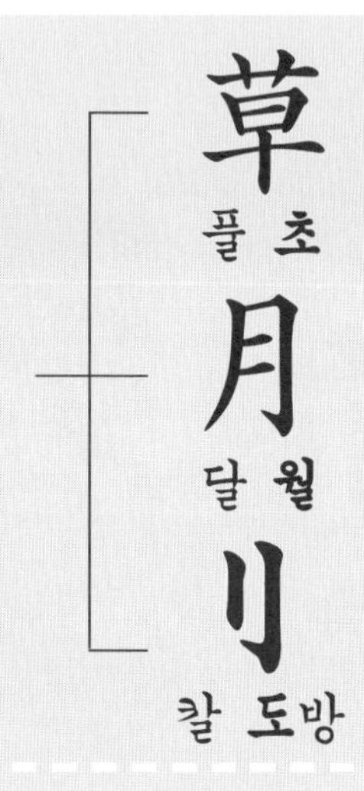

달맞이를 하기 위해 칼로 풀을 베어 앞으로 나아간다는 뜻을 가진 한자입니다.

● 빈 칸에 알맞은 글을 쓰세요.

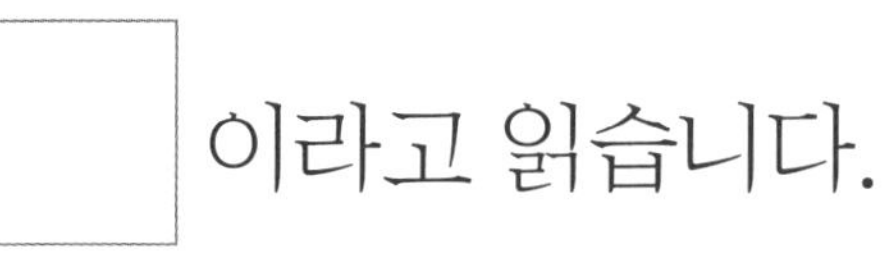

前은 [ ] 이라고 읽습니다.

[ ] 이라는 뜻입니다.

필순에 따라 前을 바르게 쓰세요.

총 9획

前 (①②③④⑤⑥⑦⑧⑨)	前	前	前	前
前	前	前	前	前

●뜻과 음을 소리내어 읽으면서 前 을 쓰세요.

앞 전	앞 전	앞 전	앞 전	앞 전
前				

●빈 칸에 알맞은 한자와 뜻, 음을 쓰세요.

前				앞	전
한자	뜻	음	한자	뜻	음

글을 읽고, 前이 나오는 낱말을 알아봅시다.

아파트가 들어서기 以前(이전)에는
이 땅이 논과 밭이었습니다.
前方(전방)에는 작은 개울이 있었으며,
옆에는 작은 동산이 감싸고 있었습니다.
그 동산에 올라서서 내려다 보면,
마을 前景(전경)이 그림처럼
펼쳐지곤 했습니다.

- 以前(이전):그 앞
- 前方(전방):앞쪽
- 前景(전경):눈앞에 나타나는 경치

빈 칸에 알맞은 한자를 쓰세요.

이	전	전	방	전	경
以	前	前	方	前	景
以			方		景

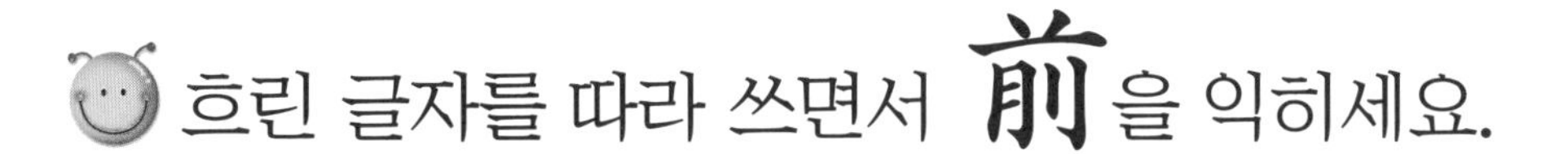

前 은 전 이라고 읽고, 앞 이라는 뜻입니다.

前은 달맞이를 하기 위해 칼로 풀을 베어

앞으로 나아간다 는 뜻을 가진 한자입니다.

前의 획수는 총 9 획입니다.

뜻과 음을 크게 읽으면서, 前을 쓰세요.

前	前	前	前	前	前
前	前	前	前	前	前

前은 칼 도(刂)부수의 한자입니다.

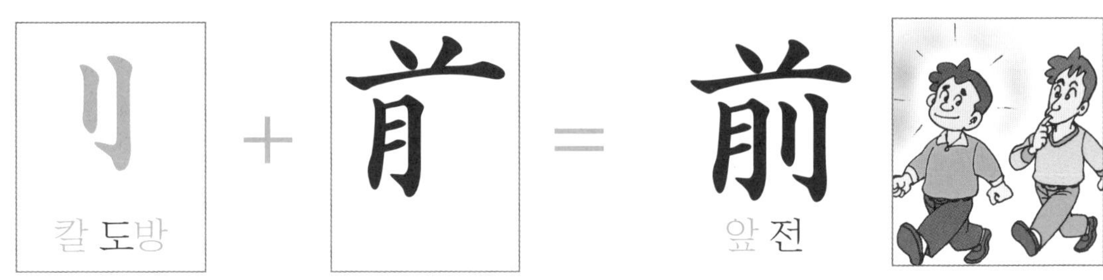

달을 보려고 풀을 베어 앞으로 나아간다는 뜻을 가졌습니다.

한자의 음을 쓰고, 맞는 것끼리 연결하세요.

以前 (　　)		눈앞에 나타나는 경치
前方 (　　)		그 앞
前景 (　　)		앞쪽

前이 들어간 낱말을 찾아 ○표 하세요.

前方　外國　海外　前景

 뒤 후(後)에 대해 알아봅시다.

뒤 후

후라고 읽습니다.
뒤라는 뜻입니다.

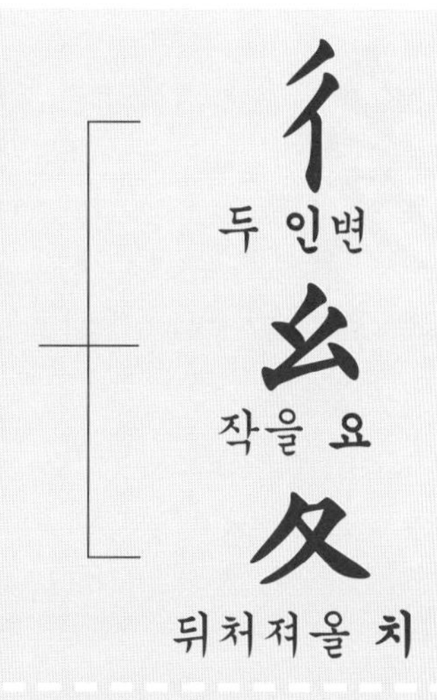

작은 것(幺)이 천천히 걸어서(彳) 뒤처져(夂)옴을 나타내, '뒤'를 뜻하는 한자입니다.

●빈 칸에 알맞은 글을 쓰세요.

後는 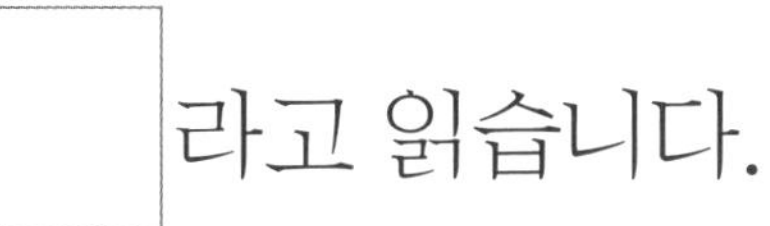 라고 읽습니다.

☐ 라는 뜻입니다.

B184b

필순에 따라 後를 바르게 쓰세요.

총 9획

後	後	後	後	後
後	後	後	後	後

●뜻과 음을 소리내어 읽으면서 後를 쓰세요.

뒤 후	뒤 후	뒤 후	뒤 후	뒤 후
後				

●빈 칸에 알맞은 한자와 뜻, 음을 쓰세요.

後				뒤	후
한자	뜻	음	한자	뜻	음

글을 읽고, 後가 나오는 낱말을 알아봅시다.

우리 형은 전기 대학 입학 시험에 떨어졌습니다.
열심히 공부하지 않았던 것을 後悔(후회)했지만
이제 소용이 없었습니다.
"後期(후기) 시험이나 잘 보려므나."
아버지께서 형을 위로했습니다.
以後(이후), 형은 더욱 열심히
공부를 했습니다

● 後悔(후회) : 지난 일을 뉘우침 ● 後期(후기) : 뒤의 시기
● 以後(이후) : 그 뒤

빈 칸에 알맞은 한자를 쓰세요.

후	회	후	기	이	후
後	悔	後	期	以	後
	悔		期	以	

흐린 글자를 따라 쓰면서 後를 익히세요.

後는 후라고 읽고, 뒤라는 뜻입니다.

後는 작은 것이 천천히 걸어서 뒤처져 옴을 나타내,

'뒤'를 뜻하는 한자입니다.

後의 획수는 총 9획입니다.

뜻과 음을 크게 읽으면서, 後를 쓰세요.

後	後	後	後	後	後
後	後	後	後	後	後

後는 두 인변(彳) 부수의 한자입니다.

작은 것이 천천히 걸어서 뒤처져 옴을 나타낸 한자입니다.

한자의 음을 쓰고, 맞는 것끼리 연결하세요.

後悔(　　)	지난 일을 뉘우침
後期(　　)	그 뒤
以後(　　)	뒤의 시기

後가 들어간 낱말을 찾아 ◯표 하세요.

前景　後期　後悔　以前

 많을 다(多)에 대해 알아봅시다.

다라고 읽습니다.
많다는 뜻입니다.

저녁이 겹쳐진 많은 날을 뜻하는 한자입니다.

● 빈 칸에 알맞은 글을 쓰세요.

多는 [ ] 라고 읽습니다.

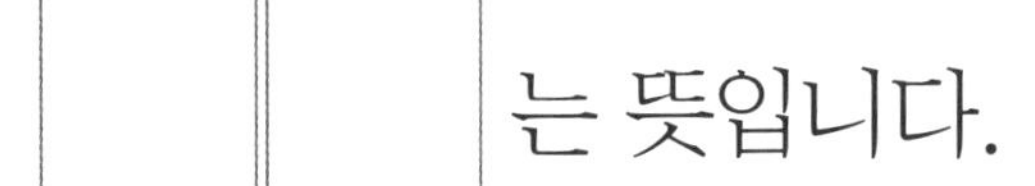
는 뜻입니다.

필순에 따라 多를 바르게 쓰세요.

총 6획

多 ①②③④⑤⑥	多	多	多	多
多	多	多	多	多

●뜻과 음을 소리내어 읽으면서 多 를 쓰세요.

많을 다	많을 다	많을 다	많을 다	많을 다
多				

●빈 칸에 알맞은 한자와 뜻, 음을 쓰세요.

多		
한자	뜻	음

	많을	다
한자	뜻	음

글을 읽고, 多가 나오는 낱말을 알아봅시다.

현주는 책 읽기를 무척 좋아합니다.
그래서 전교 多讀(다독) 왕으로 뽑혔습니다.
승환이는 뛰어난 야구 선수입니다.
안타를 많이 쳐서 多量(다량)으로
점수를 올렸습니다.
주희는 매우 多福(다복)한 친구입니다.
가족 모두가 건강하고, 친절하기 때문입니다.

- 多讀(다독) : 독서를 많이 함
- 多量(다량) : 많은 양
- 多福(다복) : 복이 많음

빈 칸에 알맞은 한자를 쓰세요.

다	독	다	량	다	복
多	讀	多	量	多	福
	讀		量		福

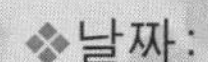

흐린 글자를 따라 쓰면서 多를 익히세요.

多는 다라고 읽고, 많다라는 뜻입니다.

多는 저녁이 겹쳐진 많은 날을

뜻하는 한자입니다.

多의 획수는 총 6획입니다.

뜻과 음을 크게 읽으면서, 多를 쓰세요.

多	多	多	多	多	多
多	多	多	多	多	多

多는 저녁 석(夕) 부수의 한자입니다.

수 많은 저녁이 지나가는 것을 뜻하는 한자입니다.

한자의 음을 쓰고, 알맞은 뜻과 연결하세요.

多讀(　　)	• •	많은 양
多量(　　)	• •	복이 많음
多福(　　)	• •	독서를 많이 함

多가 들어간 낱말을 찾아 ○표 하세요.

後悔　以後　多讀　多福

 짧을 단(短)에 대해 알아봅시다.

짧을 단

단이라고 읽습니다.
짧다는 뜻입니다.

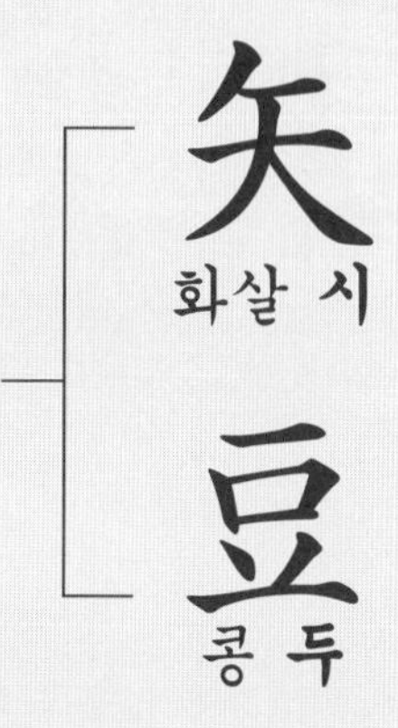

작고 짧기가 화살이나 콩 같다는 뜻의 한자입니다.

● 빈 칸에 알맞은 글을 쓰세요.

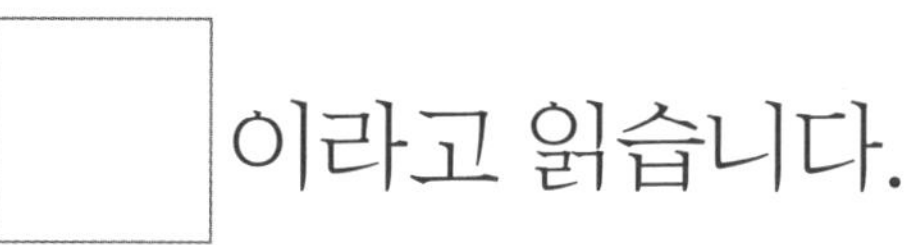

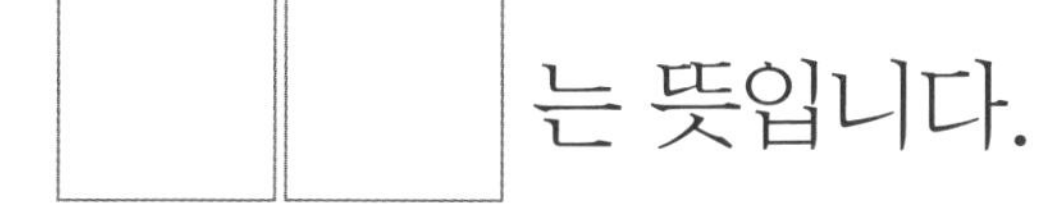

B189b

필순에 따라 短을 바르게 쓰세요.

총 12획

短	短	短	短	短
短	短	短	短	短

●뜻과 음을 소리내어 읽으면서 短을 쓰세요.

짧을 단	짧을 단	짧을 단	짧을 단	짧을 단
短	短	短	短	短

●빈 칸에 알맞은 한자와 뜻, 음을 쓰세요.

短		
한자	뜻	음

	짧을	단
한자	뜻	음

글을 읽고, 短이 나오는 낱말을 알아봅시다.

한자 공부를 短期(단기)에 끝내려면 어떻게 해야 하냐고요?
단기에 끝내는 방법은 없어요.
短劍(단검)으로 자르듯이 쓸데 없는 시간을 낭비하지 않고
열심히 공부하는 방법 밖에 없어요.
그리고 게으른 사람의 최대 短點(단점)인
산만한 정신을 가다듬는 것이 좋아요.

- 短期(단기) : 짧은 시간
- 短劍(단검) : 날이 짧은 칼
- 短點(단점) : 모자라거나 흠이 되는 점

빈 칸에 알맞은 한자를 쓰세요.

단	기	단	검	단	점
短	期	短	劍	短	點
	期		劍		點

흐린 글자를 따라 쓰면서 短을 익히세요.

短은 단이라고 읽고, 짧다라는 뜻입니다.

短은 작고 짧기가 화살이나

콩 같다는 뜻의 한자입니다.

短의 획수는 총 12 획입니다.

뜻과 음을 크게 읽으면서, 短을 쓰세요.

短	短	短	短	短	短
短	短	短	短	短	短

短은 화살 시(矢) 부수의 한자입니다.

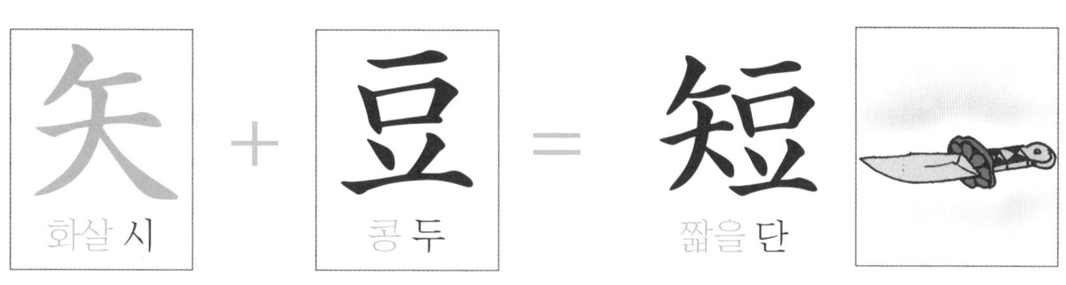

옛날엔 작은 것은 콩을, 짧은 것은 화살을 대표적으로 꼽았다고 합니다.

한자의 음을 쓰고, 맞는 것끼리 연결하세요.

短期(　　) • • 모자라거나 흠이 되는 점

短劍(　　) • • 짧은 칼

短點(　　) • • 짧은 시간

短이 들어간 낱말을 찾아 ○표 하세요.

短點　多量　短期　多讀

기탄 한자 한석봉 B191b

뜻과 음을 읽으면서, 이번 주에 배운 한자를 쓰세요.

앞 전	앞 전	앞 전	앞 전	앞 전
前	前	前	前	前

뒤 후	뒤 후	뒤 후	뒤 후	뒤 후
後	後	後	後	後

많을 다	많을 다	많을 다	많을 다	많을 다
多	多	多	多	多

짧을 단	짧을 단	짧을 단	짧을 단	짧을 단
短	短	短	短	短

그림과 관계 있는 한자를 선으로 이어 보세요.

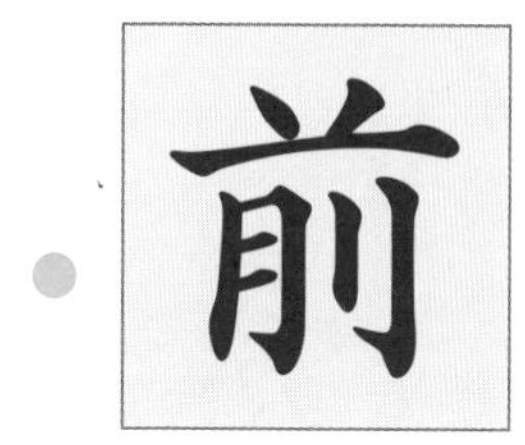
前

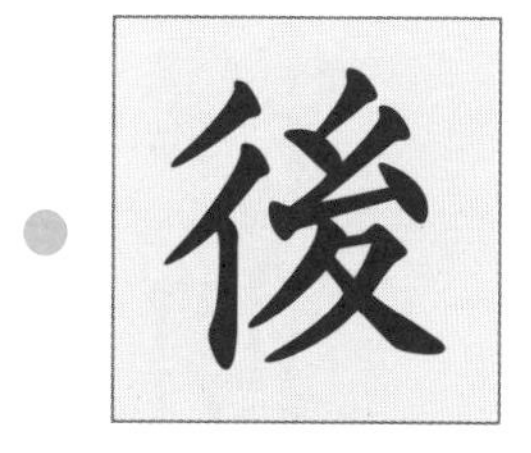
後

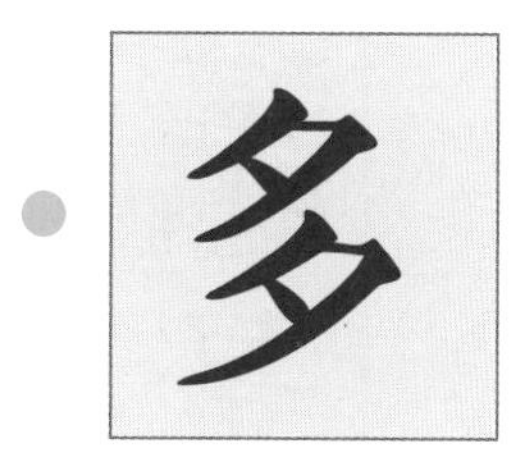
多

短

빈 칸에 공통으로 들어갈 한자를 찾아 연결하세요.

以		그 앞
	景	눈 앞에 나타난 경치

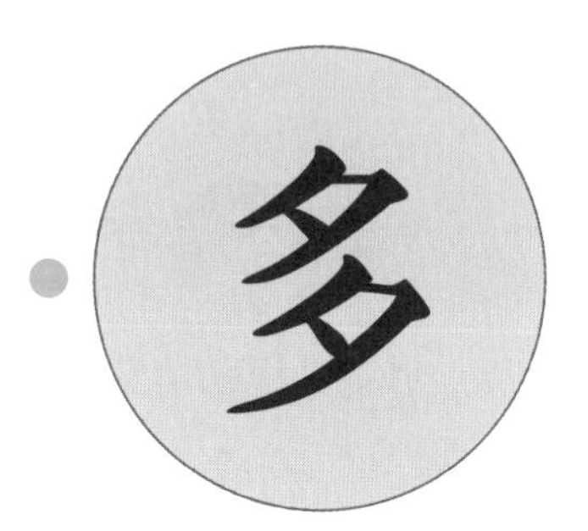

	悔	지난일을 뉘우침
	期	뒤의 시기

	讀	책을 많이 읽음
	量	많은 양

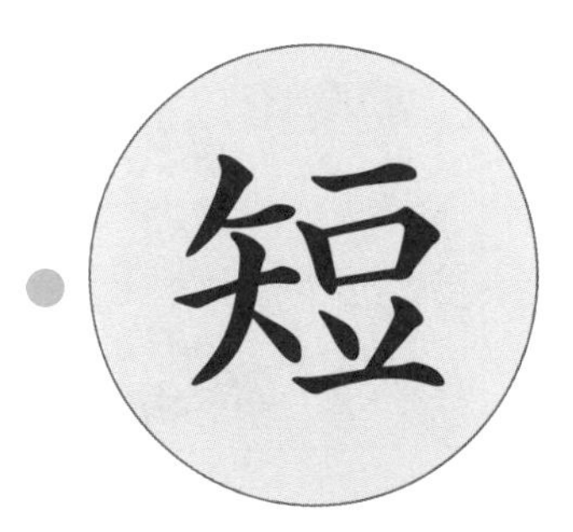

	期	짧은 시간
	點	모자라거나 흠이 되는 점

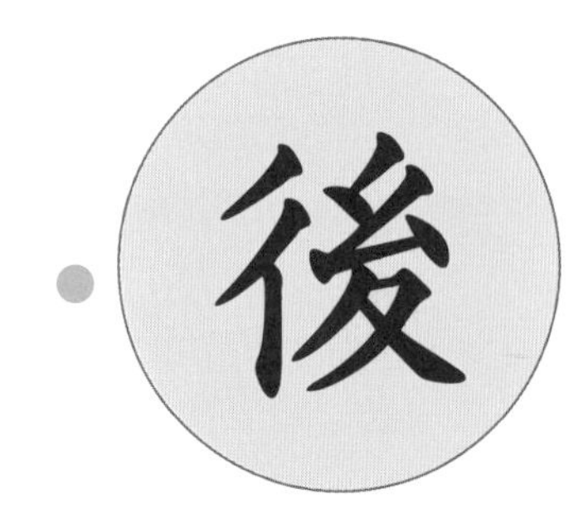

 빈 칸에 알맞은 한자를 쓰세요.

이	전
以	

후	회
	悔

다	복
	福

단	점
	點

동화를 읽고, 빈 칸에 알맞은 한자를 쓰세요.

죽음 앞에서

前生(전생;이 세상에 태어나기 전의 삶)에 돼지였는지,
돈을 모을 줄만 아는 부자가 있었습니다.
그러나 돈이 자꾸 모이자, 누가 훔쳐 갈까봐 불안했습니다.
그리고 자신에게 죽음이 찾아올 것 같아서 불안했습니다.
그래서 부자는 동굴을 만든 後(후), 그 속에 多量(다량)의
돈을 넣고 자기도 들어간 다음, 입구를 꽁꽁 막았습니다.
그리고 短刀(단도)를 가진 보초에게 망을 보게 했습니다.
동굴 속에 들어간지 며칠이 지난 날이었습니다.
언제 왔는지 죽음이 부자 앞에 나타났습니다.
"어,어떻게 뚫고 들어 왔어?"
부자가 놀라서 소리를 지르자,
죽음이 빙긋이 웃으면서 대답했습니다.
"난 동굴을 뚫고 들어온 것이 아닙니다.
난 이곳에서 몇 백만 년 전부터 당신을 기다리고 있었습니다."
죽어서까지 돈을 가지고 저승으로 가는 사람은 없습니다.

앞 전	뒤 후	많을 다	짧을 단

B194a ❖이름: ❖날짜: ❖시간 시 분~ 시 분

 부수를 찾아 선을 긋고, ◯안에 부수를 쓰세요.

前 前 앞 전

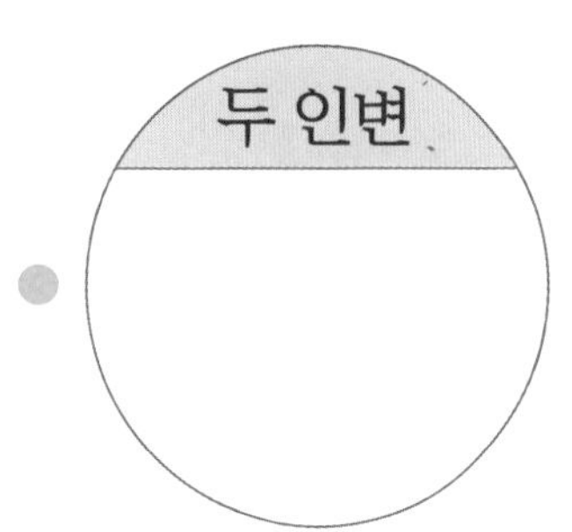

後 後 뒤 후

多 多 많을 다

화살 시

短 短 짧을 단

저녁 석

서로 알맞은 것끼리 선을 이으세요.

짧을 앞 많을 뒤

후

전 단

빈 칸에 알맞은 한자를 쓰고,
보기에서 같은 뜻을 찾아 번호를 적으세요.

전	대	미	문
	代	未	聞

( )

후	회	막	급
	悔	莫	及

( )

다	다	익	선
		益	善

( )

일	장	일	단
一	長	一	

( )

보기

❶ 지난 잘못을 뉘우쳐 보지만 어쩔 수 없음.
❷ 아직까지 한번도 들어본 적이 없음.
❸ 장점이 있으면 단점도 있다.
❹ 많으면 많을수록 좋다.

한선봉
기탄 한자

B195b

국민성

영국인, 독일인, 프랑스인, 일본인이 동업을 시작했다.
앞날을 위해서 건배!

우리들 중 먼저 죽는 사람의 관 속에 5백달러씩 넣어주는 게 어때?
우정을 확인하는 의미가 되겠군.

잘 가게, 친구. 前에 빌린 돈도 함께 넣었네.
그 後, 사고로 독일인이 먼저 죽었다. 영국인이 먼저 빳빳한 돈 1,000불을 관 속에 넣었다.

多幸(다행)히 어음이 있었네. 난 어음을 넣을게.
프랑스인은 그 돈이 아까웠다. 그래서...

일본인은 1,500불짜리 어음을 넣었다. 그리고 영국인이 놓은 돈을 집으면서...

친구, 거스름돈 1,000불은 가져 가네.

개인별 · 능력별 학습 프로그램

B 단계 교재 B196a-B210b

이번 주에 배울 한자

高	低	出	朝
높을 고	낮을 저	나갈 출	아침 조

금주평가	읽 기	쓰 기	이번 주는?
	Ⓐ 아주 잘함	Ⓐ 아주 잘함	· 학습방법 ① 매일매일 ② 가끔 ③ 한꺼번에 - 하였습니다.
	Ⓑ 잘함	Ⓑ 잘함	· 학습태도 ① 스스로 잘 ② 시켜서 억지로 - 하였습니다.
	Ⓒ 보통	Ⓒ 보통	· 학습흥미 ① 재미있게 ② 싫증내며 - 하였습니다.
	Ⓓ 부족함	Ⓓ 부족함	· 교재내용 ① 적합하다고 ② 어렵다고 ③ 쉽다고 - 하였습니다.

♣ 지도 교사가 부모님께	♣ 부모님이 지도 교사께

종합평가	Ⓐ 아주 잘함	Ⓑ 잘함	Ⓒ 보통	Ⓓ 부족함

원교	반	이름	전화

기초 탄탄한 교육 · 기초 탄탄한 학습
기탄교육
www.gitan.co.kr/ (02)586-1007(대)

지난 주에 배운 한자를 다시 한 번 써 보세요.

앞 전	앞 전	앞 전	앞 전	앞 전
前	前	前	前	前

뒤 후	뒤 후	뒤 후	뒤 후	뒤 후
後	後	後	後	後

많을 다	많을 다	많을 다	많을 다	많을 다
多	多	多	多	多

짧을 단	짧을 단	짧을 단	짧을 단	짧을 단
短	短	短	短	短

B196a ❖이름: ❖날짜: ❖시간 시 분~ 시 분

이번 주에 배울 한자를 큰 소리로 읽어 보세요.

B196b

높을 고(高)에 대해 알아봅시다.

높을 고

고라고 읽습니다.
높다는 뜻입니다.

높을 고 (高)는 高부수의 한자입니다.
높은 성문을 본뜬 한자입니다.

●빈 칸에 알맞은 글을 쓰세요.

高는 ☐ 라고 읽습니다.

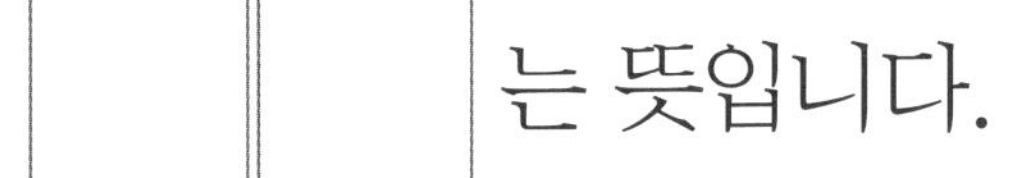

☐☐ 는 뜻입니다.

필순에 따라 高를 바르게 쓰세요.

총 10회

高 ①②③④⑤⑥⑦⑧⑨⑩	高	高	高	高
高	高	高	高	高

●뜻과 음을 소리내어 읽으면서 高를 쓰세요.

높을 고	높을 고	높을 고	높을 고	높을 고
高	高	高	高	高

●빈 칸에 알맞은 한자와 뜻, 음을 쓰세요.

高				높을	고
한자	뜻	음	한자	뜻	음

글을 읽고, 高가 나오는 낱말을 알아봅시다.

우리 나라 最高(최고) 보물 중 하나가
바로 高麗(고려) 청자입니다.
그 은은한 빛깔이 너무 고와서
이것을 본 사람이라면 누구나 감탄을 합니다.
게다가 고려 청자는 워낙 高價(고가)이기 때문에
쉽게 살 수도 없습니다.

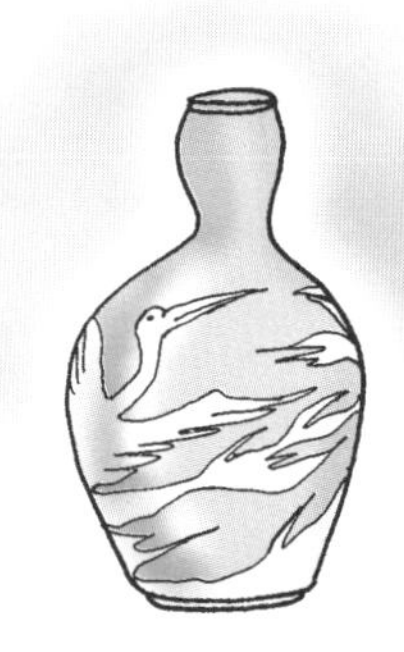

- 最高(최고):가장 나음
- 高麗(고려):조선 이전의 우리 나라 이름
- 高價(고가):값이 비쌈

빈 칸에 알맞은 한자를 쓰세요.

최	고	고	려	고	가
最	高	高	麗	高	價
最			麗		價

흐린 글자를 따라 쓰면서 高를 익히세요.

高는 고라고 읽고, 높다 라는 뜻입니다.

高는 높은 성문을 본뜬 한자입니다.

高의 획수는 총 10 획입니다.

뜻과 음을 크게 읽으면서, 高를 쓰세요.

高	高	高	高	高	高
高	高	高	高	高	高

B198b

高는 높을 고(高) 부수의 한자입니다.

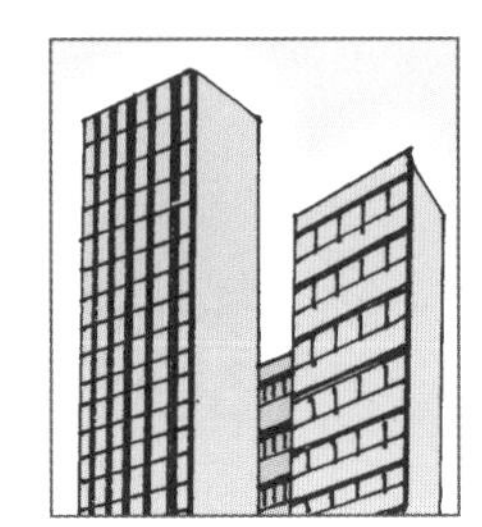

높을 고

높은 성문을 본뜬 한자입니다.

한자의 음을 쓰고, 맞는 것끼리 연결하세요.

最高(　　)	조선 이전의 우리 나라 이름
高麗(　　)	값이 비쌈
高價(　　)	가장 나음

高가 나오는 낱말을 찾아 ○표 하세요.

短點　最高　高價　短劍

낮을 저(低)에 대해 알아봅시다.

低
낮을 저

저라고 읽습니다.
낮다는 뜻입니다.

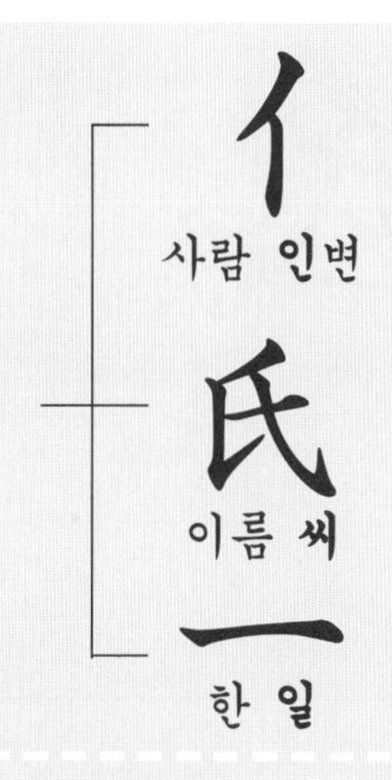

사람이 낮게 고개를 숙인다는 뜻의 한자입니다.

● 빈 칸에 알맞은 글을 쓰세요.

低는 ☐ 라고 읽습니다.

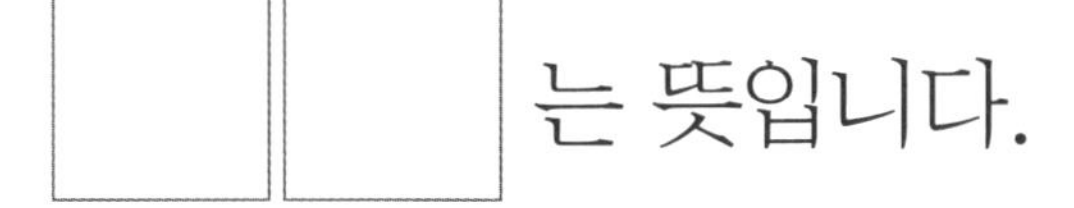
☐☐ 는 뜻입니다.

B199b

필순에 따라 低를 바르게 쓰세요.

총 7회

低	低	低	低	低
低	低	低	低	低

●뜻과 음을 소리내어 읽으면서 低를 쓰세요.

낮을 저	낮을 저	낮을 저	낮을 저	낮을 저
低	低	低	低	低

●빈 칸에 알맞은 한자와 뜻, 음을 쓰세요.

低				낮을	저
한자	뜻	음	한자	뜻	음

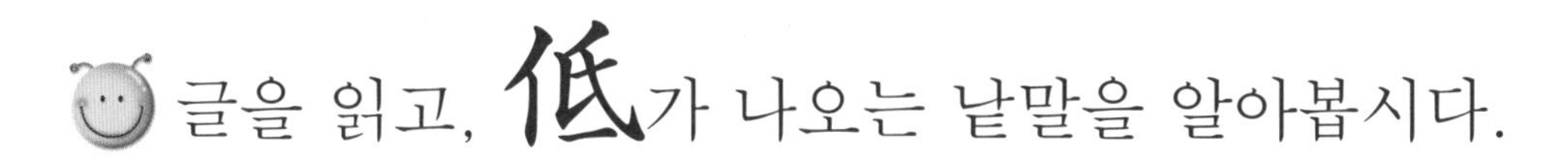

글을 읽고, 低가 나오는 낱말을 알아봅시다.

아버지께서 칫솔을 스무 개나 사 오셨어요.
"전철에서 低價(저가)로 샀다구."
이것을 보고 어머니가 걱정을 하셨어요.
"싼 게 비지떡이라구요. 이런 低級(저급)을 어디에다 써요?"
가격이 비싼 것이 좋은 것은 아니지만,
너무 低廉(저렴)한 것도 문제가 있나 봅니다.

- 低價(저가):낮은 가격
- 低級(저급):품질이 낮은 상품
- 低廉(저렴):물건 값이 쌈

빈 칸에 알맞은 한자를 쓰세요.

저	가	저	급	저	렴
低	價	低	級	低	廉
	價		級		廉

흐린 글자를 따라 쓰면서 低를 익히세요.

低는 저라고 읽고, 낮다 라는 뜻입니다.

低는 사람이 낮게 고개를 숙인다는

뜻의 한자입니다.

低의 획수는 총 7 획입니다.

뜻과 음을 크게 읽으면서, 低를 쓰세요.

低	低	低	低	低	低
低	低	低	低	低	低

低는 사람 인(亻) 부수의 한자입니다.

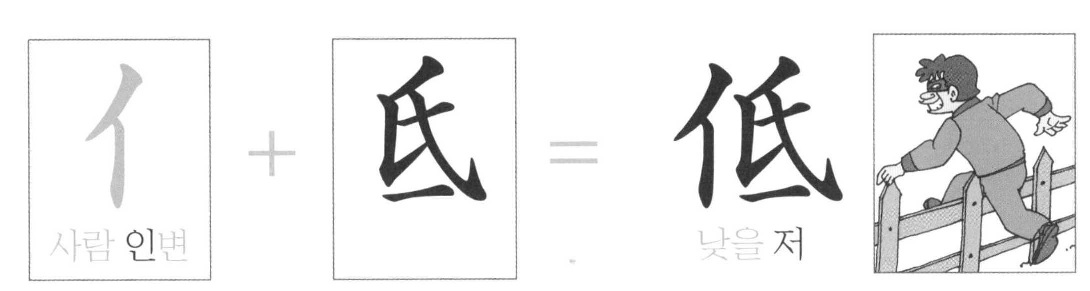

사람이 고개를 숙이면 낮은 자세가 됩니다.

한자의 음을 쓰고, 맞는 것끼리 연결하세요.

低價(　　　)•　　•물건 값이 쌈

低級(　　　)•　　•낮은 가격

低廉(　　　)•　　•품질이 나쁜 상품

低가 나오는 낱말을 찾아 ○표 하세요.

低級　高價　低價　最高

나갈 출(出)에 대해 알아봅시다.

출이라고 읽습니다.
나간다는 뜻입니다.

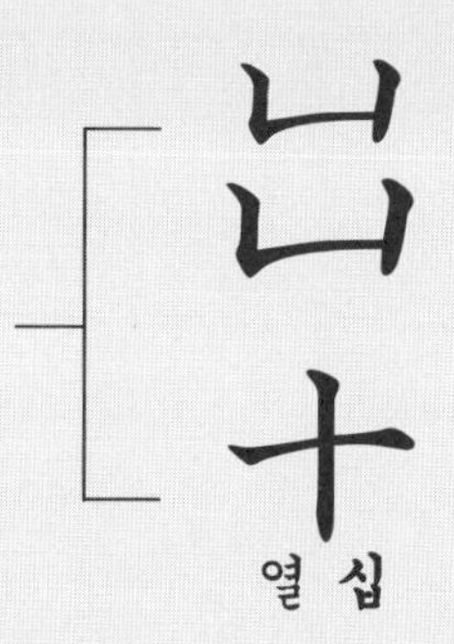

나무에서 잎이 나와 자라는 모습을 본뜬 한자입니다.

●빈 칸에 알맞은 글을 쓰세요.

出은 ☐ 이라고 읽습니다.

☐☐☐ 는 뜻입니다.

필순에 따라 出을 바르게 쓰세요.

총 5획

出 ① ② ③ ④ ⑤	出	出	出	出
出	出	出	出	出

● 뜻과 음을 소리내어 읽으면서 出 을 쓰세요.

나갈 출	나갈 출	나갈 출	나갈 출	나갈 출
出	出	出	出	出

● 빈 칸에 알맞은 한자와 뜻, 음을 쓰세요.

出		
한자	뜻	음

	나갈	출
한자	뜻	음

글을 읽고, 出이 나오는 낱말을 알아봅시다.

사람의 出生(출생)은 곧 배움의 出發(출발)입니다.
태어나면서부터 배움이 시작된다는 말입니다.
살아가는 데에 필요한 지혜와 질서,
그리고 서로 사랑하는 마음을 배워야만 합니다.
특히 서로 돕는 마음을 가진 사람만이
앞으로 크게 出世(출세)할 수 있습니다.

- 出生(출생) : 태어남
- 出發(출발) : 길을 떠나거나 일을 시작함
- 出世(출세) : 사회적으로 성공함

빈 칸에 알맞은 한자를 쓰세요.

출	생	출	발	출	세
出	生	出	發	出	世
	生		發		世

흐린 글자를 따라 쓰면서 出을 익히세요.

出은 출이라고 읽고, 나간다는 뜻입니다.

出은 나무에서 잎이 나와 자라는 모습을

본뜬 한자입니다.

出의 획수는 총 5 획입니다.

뜻과 음을 크게 읽으면서, 出을 쓰세요.

出	出	出	出	出	出
出	出	出	出	出	出

B203b

出은 입벌릴 감(凵)부수의 한자입니다.

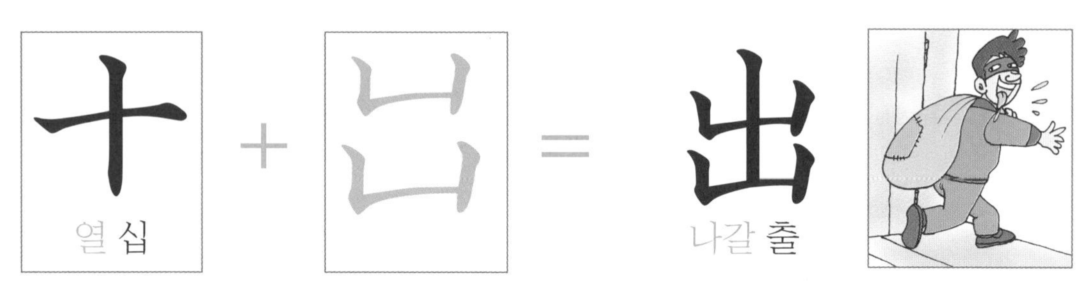

나무의 잎이 열 개가 넘을 만큼 많이 돋아난다는 뜻입니다.

한자의 음을 쓰고, 맞는 것끼리 연결하세요.

出生(　　)· · 사회적으로 성공함

出發(　　)· · 태어남

出世(　　)· · 길을 떠나거나 일을 시작함

出이 나오는 낱말을 찾아 ○표 하세요.

低價　出生　出發　低級

 아침 조(朝)에 대해 알아봅시다.

아침 조

조라고 읽습니다.
아침이라는 뜻입니다.

달이 지기도 전에 일찍 해가 돋으니 이른 아침입니다.

●빈 칸에 알맞은 글을 쓰세요.

朝는 ☐ 라고 읽습니다.

☐☐ 이라는 뜻입니다.

필순에 따라 朝를 바르게 쓰세요.

총 12획

朝	朝	朝	朝	朝
朝	朝	朝	朝	朝

● 뜻과 음을 소리내어 읽으면서 朝를 쓰세요.

아침 조	아침 조	아침 조	아침 조	아침 조
朝	朝	朝	朝	朝

● 빈 칸에 알맞은 한자와 뜻, 음을 쓰세요.

朝		
한자	뜻	음

	아침	조
한자	뜻	음

글을 읽고, 朝가 나오는 낱말을 알아봅시다.

우리집엔 朝夕(조석)으로 신문이 배달됩니다.
아침에는 朝刊(조간) 신문이,
저녁에는 夕刊(석간) 신문이 배달됩니다.
신문은 많은 정보를 알려 주는
유익한 언론입니다.
아버지께서는 朝食(조식)을 드시기 전에
꼭 朝刊 신문을 읽으십니다.

- 朝夕(조석):아침과 저녁
- 朝刊(조간):아침에 배달되는 신문
- 朝食(조식):아침 식사

빈 칸에 알맞은 한자를 쓰세요.

조	석	조	간	조	식
朝	夕	朝	刊	朝	食
	夕		刊		食

B205b

흐린 글자를 따라 쓰면서 朝를 익히세요.

朝는 조라고 읽고, 아침이라는 뜻입니다.

朝는 달이 지기도 전에 일찍 해가 돋으니

이른 아침임을 나타내는 한자입니다.

朝의 획수는 총 12 획입니다.

뜻과 음을 크게 읽으면서, 朝를 쓰세요.

朝	朝	朝	朝	朝	朝
朝	朝	朝	朝	朝	朝

朝는 달 월(月) 부수의 한자입니다.

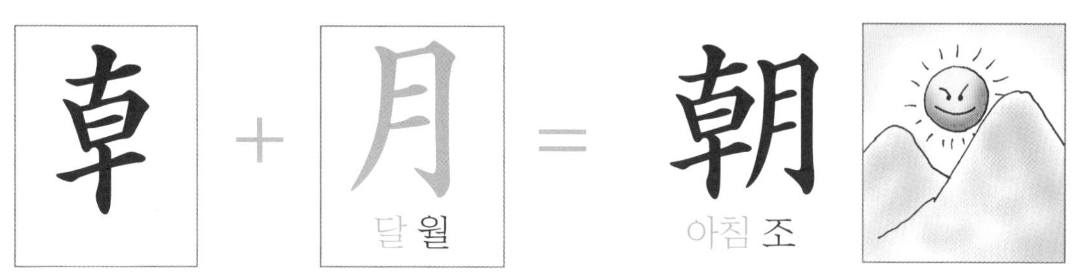

달이 미처 지기도 전에 밝아오는 아침 하늘을 보고 만든 한자입니다.

한자의 음을 쓰고, 맞는 것끼리 연결하세요.

朝夕 (　　)	아침 식사
朝刊 (　　)	아침과 저녁
朝食 (　　)	아침에 배달되는 신문

朝가 나오는 낱말을 찾아 ○표 하세요.

朝刊　朝食　出生　出發

뜻과 음을 읽으면서, 이번 주에 배운 한자를 쓰세요.

높을 고	높을 고	높을 고	높을 고	높을 고
高	高	高	高	高

낮을 저	낮을 저	낮을 저	낮을 저	낮을 저
低	低	低	低	低

나갈 출	나갈 출	나갈 출	나갈 출	나갈 출
出	出	出	出	出

아침 조	아침 조	아침 조	아침 조	아침 조
朝	朝	朝	朝	朝

그림과 관계 있는 한자를 선으로 이어 보세요.

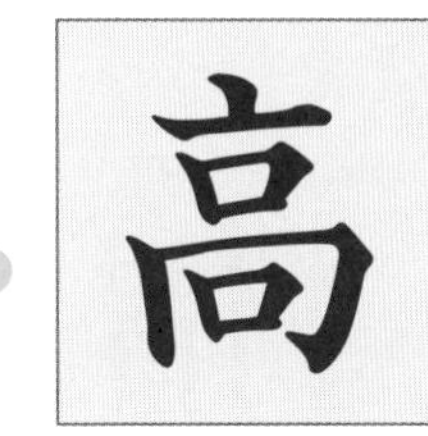

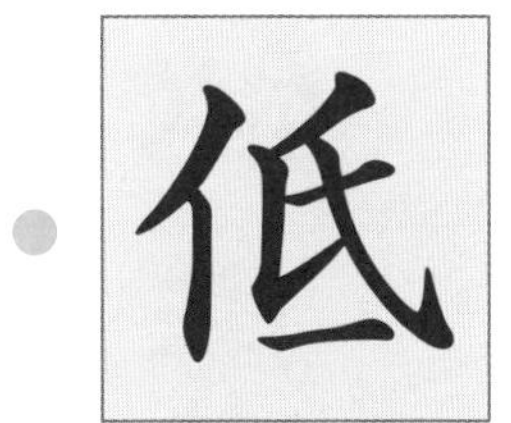

빈 칸에 공통으로 들어갈 한자를 찾아 연결하세요.

最		가장 나음
	價	값이 비쌈

	級	품질이 낮은 상품
	廉	물건 값이 쌈

	刊	아침에 배달 되는 신문
	食	아침 식사

	發	길을 떠나거나 일을 시작함
	世	사회적으로 성공함

低

高

出

朝

 빈 칸에 알맞은 한자를 쓰세요.

고	가
	價

출	생
	生

 동화를 읽고, 빈 칸에 알맞은 한자를 쓰세요.

70년은 걸리겠군

한 소년이 무술을 배우기 위해 집을 出發(출발)하여 산속으로 들어갔습니다. 거기에서 高僧(고승;덕이 높은 스님)을 만났습니다. 소년은 스님에게 朝夕(조석)으로 밥과 빨래를 해 주었지만, 스님은 무술을 가르쳐 주지 않았습니다.
소년이 답답해서 低姿勢(저자세;몸을 낮춤)로 스님에게 물었습니다.
"스님, 언제쯤이면 제가 무술을 다 익힐 수 있겠습니까?"
"글쎄, 한 10년쯤이면 되겠지."
"10년씩이나요? 안 돼요. 좀 더 빨리 배울 수는 없나요?"
"그래? 그럼 30년은 걸리겠구나."
"말도 안 돼요. 금방 10년이라고 하셨잖아요.
난 그렇게는 못기다려요."
스님이 안타깝다는 표정으로 말했습니다.
"그렇게 급한 성격으로는 70년은 걸려야 무술을 익힐 수 있겠구나."

높을 고	낮을 저	나갈 출	아침 조

 부수를 찾아 선을 긋고, ◯ 안에 부수를 쓰세요.

한자	따라 쓰기	훈음		부수
高	高	높을 고	● ●	입벌릴 감
低	低	낮을 저	● ●	높을 고
出	出	나갈 출	● ●	사람 인변
朝	朝	아침 조	● ●	달 월

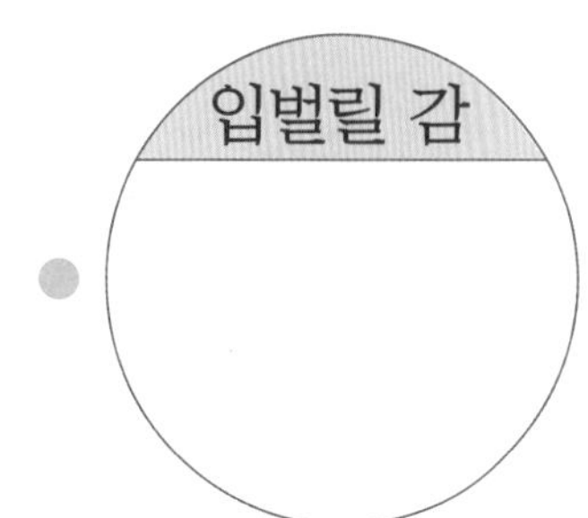

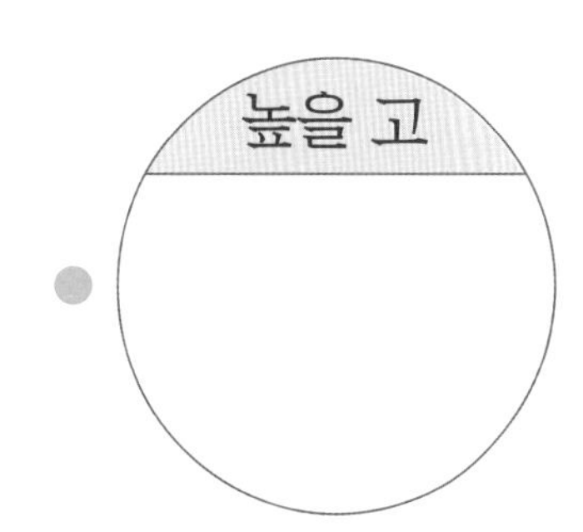

서로 알맞은 것끼리 선을 이으세요.

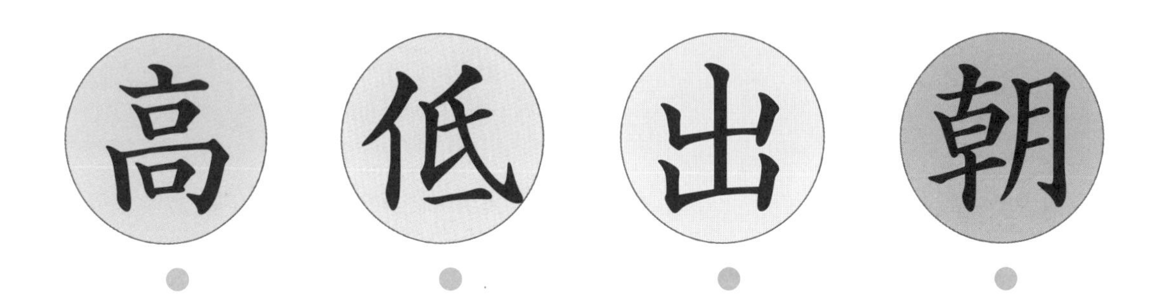

낮을 | 높을 | 아침 | 나갈

조 | 출 | 저 | 고

빈 칸에 알맞은 한자를 쓰고,
보기에서 같은 뜻을 찾아 번호를 적으세요.

천	고	마	비
天		馬	肥

( )

고	저	장	단
高		長	短

( )

청	출	어	람
青		於	藍

( )

조	삼	모	사
	三	暮	四

( )

보기

❶ 하늘은 높고 말이 살찐다는 뜻으로, 가을은 기후가 매우 좋은 계절임을 형용하여 이르는 말.
❷ 쪽에서 나온 푸른 물감이 쪽빛보다 더 푸르다는 말로, 제자가 스승보다 더 뛰어남을 비유하여 이르는 말.
❸ 높고 낮음과 길고 짧음.
❹ 간교한 꾀로 남을 속임.

기탄 한자
B210b

완벽한 여자

난 꼭 완벽하고 孤高(고고)한 여자와 결혼하고 말 거야.
잘해 봐.

몇 년이 지난 후, 出勤(출근) 때
이제 완벽한 여자를 찾았나?
아니, 아직 못 찾았어.

십 년이 지난 후
이젠 찾았겠지?
찾긴 찾았지.

그럼 결혼 생활은 어때?
결혼 못했어.
그런데 날 低質(저질)이래. 흑.
으이그!

완벽한 여자를 찾았다면서?
그 여자는 완벽한 남자를 찾고 있었어.

개인별 · 능력별 학습 프로그램

B 단계 교재 B211a-B225b

이번 주에 배울 한자

春	夏	秋	冬
봄 춘	여름 하	가을 추	겨울 동

금주평가	읽 기	쓰 기	이번 주는?
	Ⓐ 아주 잘함	Ⓐ 아주 잘함	· 학습방법 ① 매일매일 ② 가끔 ③ 한꺼번에 - 하였습니다.
	Ⓑ 잘함	Ⓑ 잘함	· 학습태도 ① 스스로 잘 ② 시켜서 억지로 - 하였습니다.
	Ⓒ 보통	Ⓒ 보통	· 학습흥미 ① 재미있게 ② 싫증내며 - 하였습니다.
	Ⓓ 부족함	Ⓓ 부족함	· 교재내용 ① 적합하다고 ② 어렵다고 ③ 쉽다고 - 하였습니다.

♣ 지도 교사가 부모님께	♣ 부모님이 지도 교사께

종합평가	Ⓐ 아주 잘함	Ⓑ 잘함	Ⓒ 보통	Ⓓ 부족함

원교 반 이름 전화

기초 탄탄한 교육 · 기초 탄탄한 학습
기탄교육
www.gitan.co.kr/ (02)586-1007(대)

지난 주에 배운 한자를 큰 소리로 읽으면서 써 보세요.

높을 고	높을 고	높을 고	높을 고	높을 고
高	高	高	高	高

낮을 저	낮을 저	낮을 저	낮을 저	낮을 저
低	低	低	低	低

나갈 출	나갈 출	나갈 출	나갈 출	나갈 출
出	出	出	出	出

아침 조	아침 조	아침 조	아침 조	아침 조
朝	朝	朝	朝	朝

이번 주에 배울 한자를 큰 소리로 읽으세요.

春

봄 춘

夏

여름 하

가을 추

겨울 동

봄 춘(春)에 대해 알아봅시다.

춘이라고 읽습니다.
봄이라는 뜻입니다.

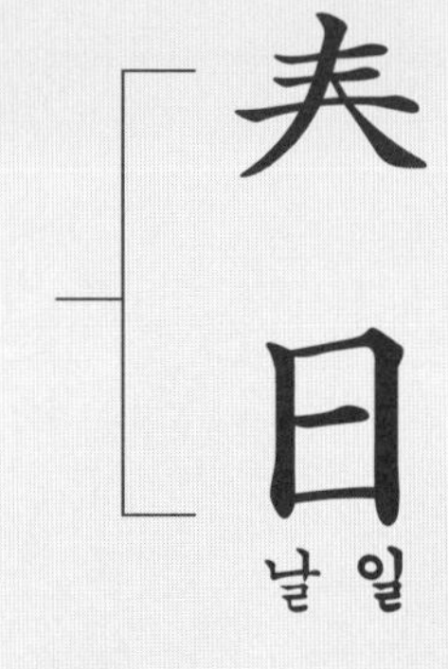

봄이 되어 햇볕이 따뜻해지면 풀이 모여서 돋아납니다.

● 빈 칸에 알맞은 글을 쓰세요.

春은 [ ] 이라고 읽습니다.

[ ] 이라는 뜻입니다.

필순에 따라 春을 바르게 쓰세요.

총 9획

春	春	春	春	春
春	春	春	春	春

●뜻과 음을 소리내어 읽으면서 春을 쓰세요.

봄 춘	봄 춘	봄 춘	봄 춘	봄 춘
春	春	春	春	春

●빈 칸에 알맞은 한자와 뜻, 음을 쓰세요.

春				봄	춘
한자	뜻	음	한자	뜻	음

글을 읽고, 春이 나오는 낱말을 알아봅시다.

春山(춘산)에 꽃들이 만발하니
벌 나비가 모여드네.

아롱거리는 아지랑이
눈앞에 펼쳐지는 春景(춘경)에
문득 春困(춘곤)이 몰려오네.

- 春山(춘산):봄의 산
- 春景(춘경):봄 풍경
- 春困(춘곤):봄철에 느끼는 노곤한 기운

빈 칸에 알맞은 한자를 쓰세요.

춘	산	춘	경	춘	곤
春	山	春	景	春	困
	山		景		困

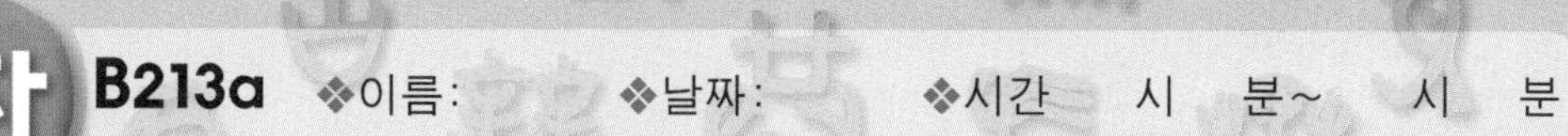
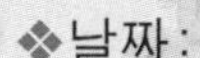

흐린 글자를 따라 쓰면서 春을 익히세요.

春은 춘이라고 읽고, 봄이라는 뜻입니다.

春은 봄이 되어 햇볕이 따뜻해지면 풀이 모여서 돋아나는 것을 나타내는 한자입니다.

春의 획수는 총 9 획입니다.

뜻과 음을 크게 읽으면서, 春을 쓰세요.

春	春	春	春	春	春
春	春	春	春	春	春

春은 날 일(日) 부수의 한자입니다.

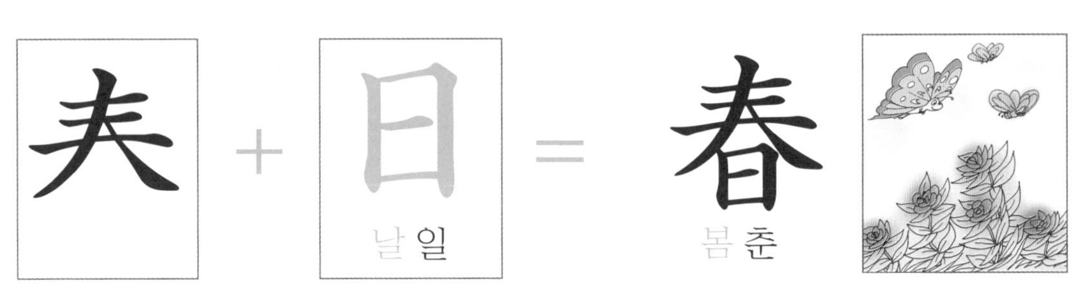

봄날의 따뜻한 햇볕을 받아 풀이 무리지어 솟아오르는 모습을 나타낸 한자입니다.

한자의 음을 쓰고, 맞는 것끼리 연결하세요.

春山(　　)	•	• 봄철에 느끼는 노곤한 기운
春景(　　)	•	• 봄의 산
春困(　　)	•	• 봄 풍경

春이 나오는 낱말을 찾아 ○표 하세요

朝刊　朝食　春景　春困

 여름 하(夏)에 대해 알아봅시다.

여름 하

하라고 읽습니다.
여름이라는 뜻입니다.

여름이 되어 날이 더우니 천으로 머리를 감싸고 천천히 걸어갑니다.

● 빈 칸에 알맞은 글을 쓰세요.

夏는 ☐ 라고 읽습니다.

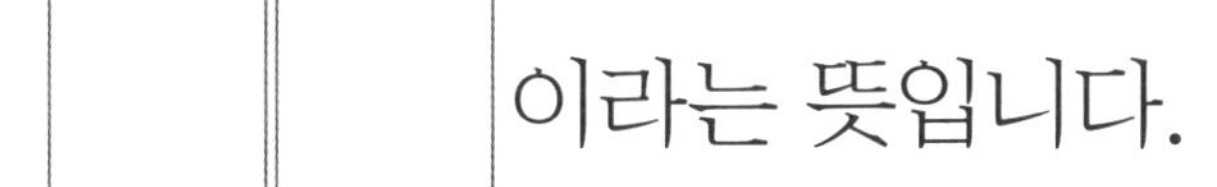
☐☐ 이라는 뜻입니다.

필순에 따라 夏를 바르게 쓰세요.

총 10회

夏	夏	夏	夏	夏
夏	夏	夏	夏	夏

● 뜻과 음을 소리내어 읽으면서 夏를 쓰세요.

여름 하	여름 하	여름 하	여름 하	여름 하
夏	夏	夏	夏	夏

● 빈 칸에 알맞은 한자와 뜻, 음을 쓰세요.

夏		
한자	뜻	음

	여름	하
한자	뜻	음

글을 읽고, 夏가 나오는 낱말을 알아봅시다.

夏期(하기) 방학이 시작되었습니다.
교문을 나서니, 夏服(하복)을 입은 중학생들도
즐거운 표정으로 지나갑니다.
그들도 방학을 맞은 모양입니다.
夏至(하지)가 지난 지금,
햇볕은 날로 더 뜨거워지고 있습니다.

- 夏期(하기):여름철
- 夏服(하복):여름 옷
- 夏至(하지):낮의 길이가 가장 긴 날. 6월 22일 경

빈 칸에 알맞은 한자를 쓰세요.

하	기	하	복	하	지
夏	期	夏	服	夏	至
	期		服		至

B215b

흐린 글자를 따라 쓰면서 夏를 익히세요.

夏는 하라고 읽고, 여름이라는 뜻입니다.

夏는 여름이 되어 날이 더우니 천으로 머리를 감싸고 천천히 걸어 가는 것을 나타내는 한자입니다.

夏의 획수는 총 10획입니다.

뜻과 음을 크게 읽으면서, 夏를 쓰세요.

夏	夏	夏	夏	夏	夏
夏	夏	夏	夏	夏	夏

夏는 천천히 걸을 쇠(夊)부수의 한자입니다.

뜨거운 여름 햇볕을 피해 머리를 감싸고 천천히 걷는 모습을 나타낸 한자입니다.

한자의 음을 쓰고, 맞는 것끼리 연결하세요.

夏期(　　) •	• 여름철
夏服(　　) •	• 낮의 길이가 가장 긴 날
夏至(　　) •	• 여름 옷

夏가 나오는 한자를 찾아 ○표 하세요.

春景　夏期　春山　夏服

가을 추(秋)에 대해 알아봅시다.

추라고 읽습니다.
가을이라는 뜻입니다.

불 같이 뜨거운 햇볕을 받아 벼가 익는 계절을 말합니다.

● 빈 칸에 알맞은 글을 쓰세요.

秋는 □ 라고 읽습니다.

□□ 이라는 뜻입니다.

 필순에 따라 秋를 바르게 쓰세요.

총 9획

秋 ①②③④⑤⑥⑦⑧⑨	秋	秋	秋	秋
秋	秋	秋	秋	秋

●뜻과 음을 소리내어 읽으면서 秋를 쓰세요.

가을 추	가을 추	가을 추	가을 추	가을 추
秋	秋	秋	秋	秋

●빈 칸에 알맞은 한자와 뜻, 음을 쓰세요.

秋				가을	추
한자	뜻	음	한자	뜻	음

글을 읽고, 秋가 나오는 낱말을 알아봅시다.

들녘이 황금빛을 이루면
가을이 찾아온대요.
산과 들엔 秋色(추색)이 가득하고
秋收(추수)하는 사람들의
즐거운 소리
조상에게 감사드리는
秋夕(추석)도 다가오지요.

- 秋色(추색):가을빛 또는 가을 경치
- 秋夕(추석):한가위
- 秋收(추수):가을에 익은 곡식을 거두어들임

빈 칸에 알맞은 한자를 쓰세요.

추	색	추	수	추	석
秋	色	秋	收	秋	夕
	色		收		夕

흐린 글자를 따라 쓰면서 秋를 익히세요.

秋는 추라고 읽고, 가을이라는 뜻입니다.

秋는 불 같이 뜨거운 햇볕을 받아

벼가 익는 계절을 의미하는 한자입니다.

秋의 획수는 총 9 획입니다.

뜻과 음을 크게 읽으면서 秋를 쓰세요.

秋	秋	秋	秋	秋	秋
秋	秋	秋	秋	秋	秋

秋는 벼 화(禾) 부수의 한자입니다.

가을이 되면 햇볕이 더욱 따가워져서 벼를 익게 합니다.

한자의 음을 쓰고, 맞는 것끼리 연결하세요.

秋色(　　)	• •	한가위
秋收(　　)	• •	가을빛 또는 가을 경치
秋夕(　　)	• •	가을에 익은 곡식을 거두어들임

秋가 나오는 한자를 찾아 ○표 하세요.

秋夕　夏期　秋收　夏服

겨울 동(冬)에 대해 알아봅시다.

겨울 **동**

동이라고 읽습니다.
겨울이라는 뜻입니다.

사계절 중 가장 늦게 오는 계절은 얼음이
어는 겨울입니다.

● 빈 칸에 알맞은 글을 쓰세요.

冬은 □ 이라고 읽습니다.

□□ 이라는 뜻입니다.

필순에 따라 冬을 바르게 쓰세요.

총 5획

冬 ①②③④⑤	冬	冬	冬	冬
冬	冬	冬	冬	冬

● 뜻과 음을 소리내어 읽으면서 冬을 쓰세요.

겨울 동	겨울 동	겨울 동	겨울 동	겨울 동
冬	冬	冬	冬	冬

● 빈 칸에 알맞은 한자와 뜻, 음을 쓰세요.

冬		
한자	뜻	음

	겨울	동
한자	뜻	음

글을 읽고, 冬이 나오는 낱말을 알아봅시다.

立冬(입동)이 지난 겨울이었습니다.
冬季(동계) 올림픽이 열렸습니다.
여러 나라 선수들이 그 동안 갈고 닦은 솜씨를 뽐냈습니다.
빙상 경기에서 우리 나라 선수들이
뛰어난 성과를 올리기도 했습니다.
冬寒(동한)조차 이들의 기세를 막을 수 없었습니다.

- 立冬(입동) : 11월 8일 경. 겨울이 시작된다고 하는 절기
- 冬季(동계) : 겨울철
- 冬寒(동한) : 겨울 추위

빈 칸에 알맞은 한자를 쓰세요.

입	동	동	계	동	한
立	冬	冬	季	冬	寒
立			季		寒

흐린 글자를 따라 쓰면서 冬을 익히세요.

冬은 동이라고 읽고, 겨울이라는 뜻입니다.

冬은 사계절 중 가장 늦게 오는 계절인

얼음이 어는 겨울을 의미하는 한자입니다.

冬의 획수는 총 5획입니다.

뜻과 음을 크게 읽으면서, 冬을 쓰세요.

冬	冬	冬	冬	冬	冬
冬	冬	冬	冬	冬	冬

冬은 얼음 빙(冫) 부수의 한자입니다.

얼음이 어는 겨울은 사계절 중에서 맨 나중이라는 뜻입니다.

참고 얼음 빙의 바른 한자는 氷입니다.

한자의 음을 쓰고, 맞는 것끼리 연결하세요.

立冬(　　) ● ● 겨울철

冬季(　　) ● ● 겨울 추위

冬寒(　　) ● ● 겨울이 시작된다고 하는 절기

冬이 나오는 한자를 찾아 ◯표 하세요.

冬季　秋夕　秋收　立冬

뜻과 음을 읽으면서, 이번 주에 배운 한자를 쓰세요.

봄 춘	봄 춘	봄 춘	봄 춘	봄 춘
春	春	春	春	春

여름 하	여름 하	여름 하	여름 하	여름 하
夏	夏	夏	夏	夏

가을 추	가을 추	가을 추	가을 추	가을 추
秋	秋	秋	秋	秋

겨울 동	겨울 동	겨울 동	겨울 동	겨울 동
冬	冬	冬	冬	冬

그림과 관계 있는 한자를 선으로 이어 보세요.

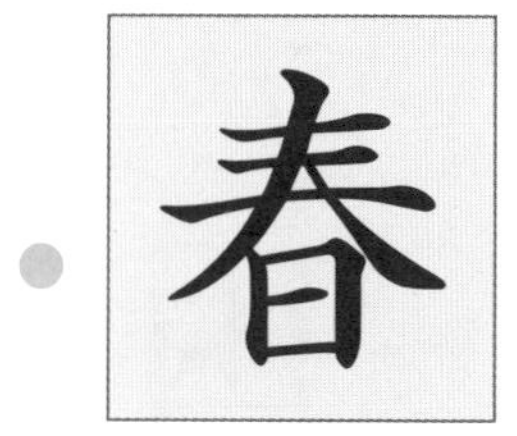

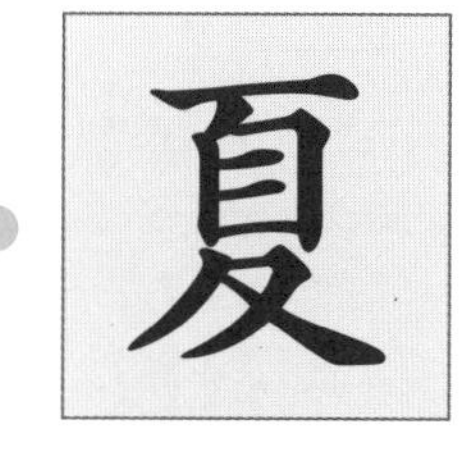

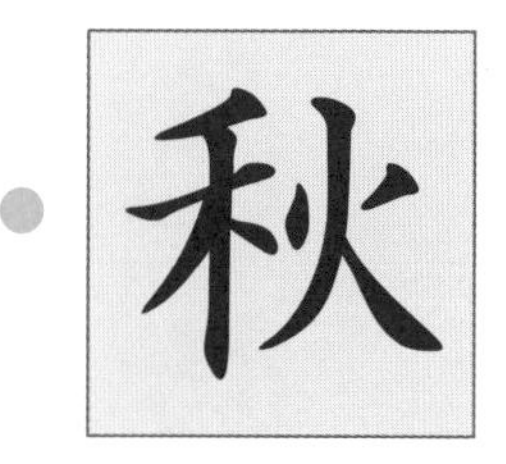

빈 칸에 공통으로 들어갈 한자를 찾아 연결하세요.

	景	봄 풍경
	困	봄철에 느끼는 나른한 기분
	期	여름철
	服	여름 옷
	色	가을빛 또는 가을 경치
	收	가을에 익은 곡식을 거두어 들임
	季	겨울철
	寒	겨울 추위

夏

冬

春

秋

빈 칸에 알맞은 한자를 쓰세요.

춘	산
	山

하	계
	季

추	수
	收

동	한
	寒

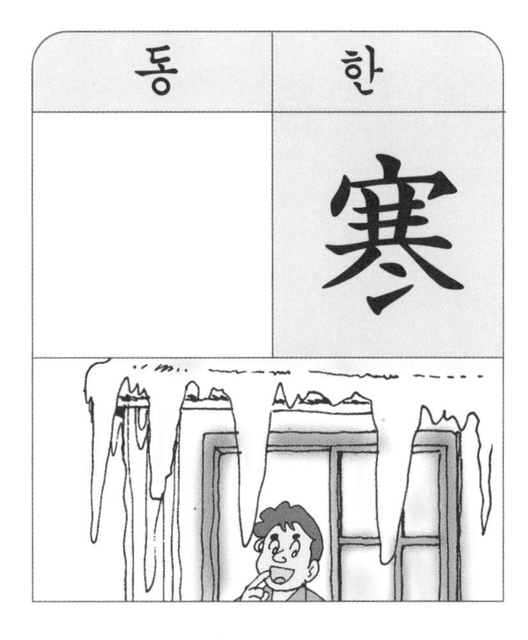

동화를 읽고, 빈 칸에 알맞은 한자를 쓰세요.

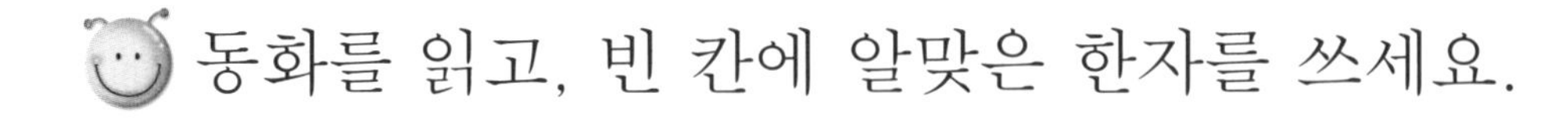

한마을에 개미와 베짱이가 살았어요.
이 마을에도 冬將軍(동장군 : 겨울철의 매서운 추위를 의인화)이 물러가고 따사로운 春三月(춘삼월 : 봄 경치가 가장 좋은 철인 음력 3月)이 왔어요.
개미는 봄볕에 온 몸을 검게 그을리면서 열심히 일을 하였지만, 베짱이는 멋진 연미복을 차려입고 기타만 치며 즐겁게 보냈답니다.
태양이 뜨거운 盛夏(성하 : 여름이 한창 더운 때)에도 개미는 가을의 풍성한 秋收(추수 : 가을에 익은 곡식을 거두어 들이는 일)를 기다리며 성실하게 일을 하였습니다.
그러나 베짱이는 가을의 멋진 경치만을 구경하면서 세월을 보냈답니다.
추운 겨울이 다시 돌아왔을 때 누가 행복하게 보냈을지는 여러분도 짐작할 수 있겠죠?

봄 춘	여름 하	가을 추	겨울 동

한석봉
기탄 한자

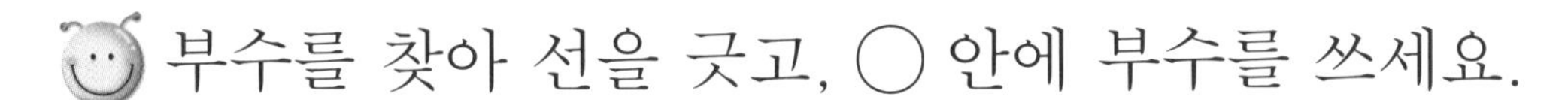
부수를 찾아 선을 긋고, ◯ 안에 부수를 쓰세요.

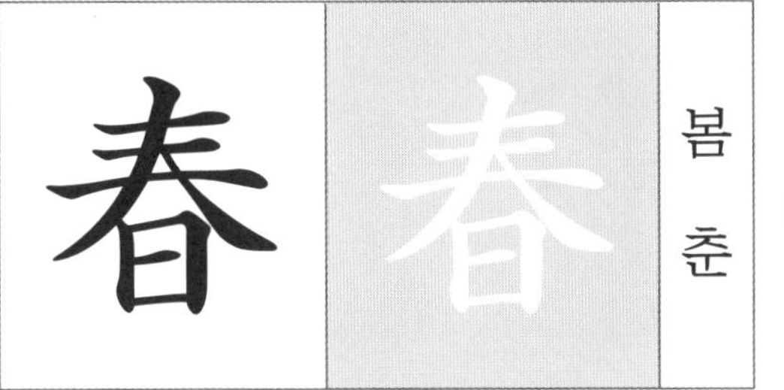
春
봄 춘

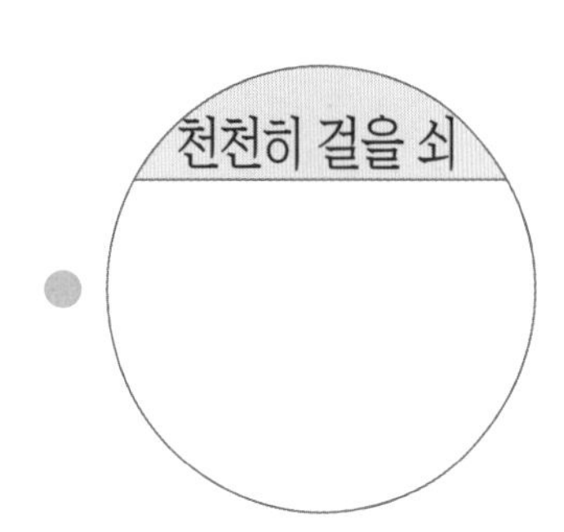
천천히 걸을 쇠

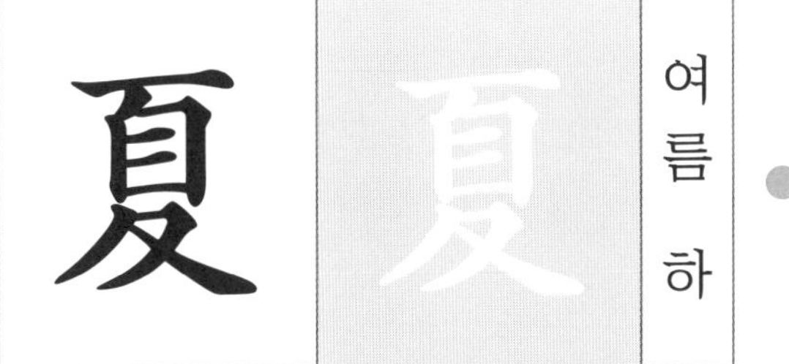
夏
여름 하

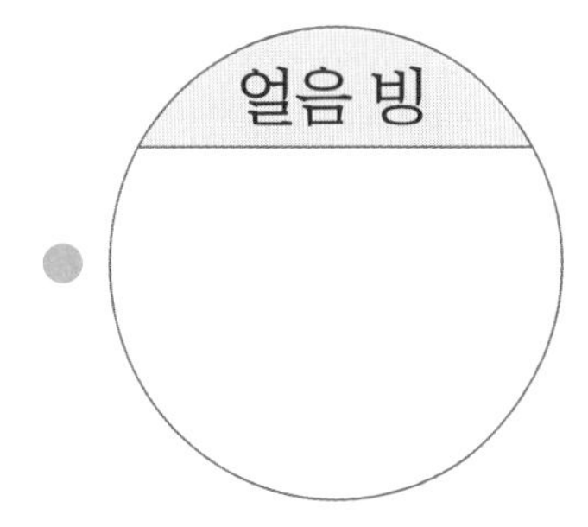
얼음 빙

秋
가을 추

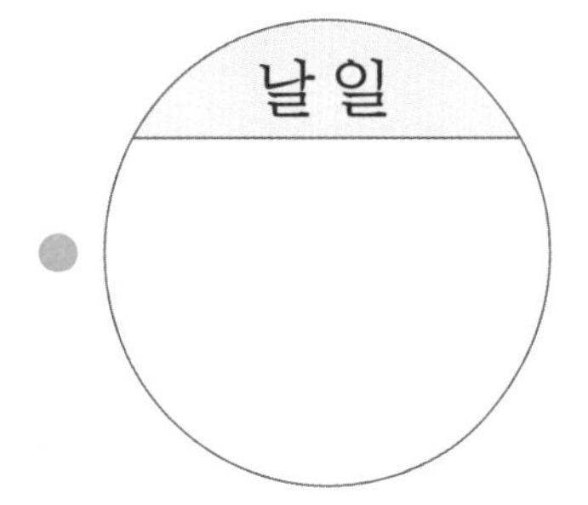
날 일

冬
겨울 동

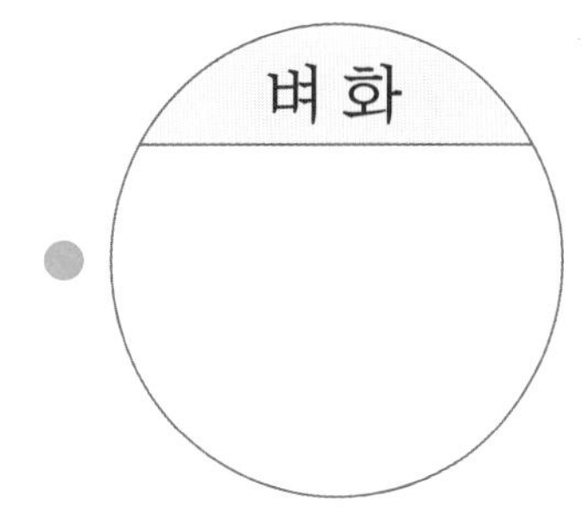
벼 화

서로 알맞은 것끼리 선을 이으세요.

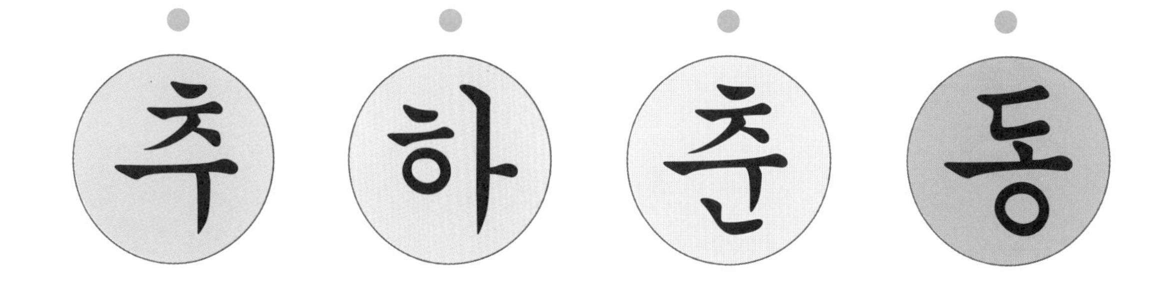

빈 칸에 알맞은 한자를 쓰고,
보기에서 같은 뜻을 찾아 번호를 적으세요.

춘	화	추	월
	花	秋	月

( )

하	로	동	선
	爐	冬	煽

( )

추	풍	낙	엽
	風	落	葉

( )

팥죽 먹는

동	지
	至

( )

보기

❶ 여름날의 화로나 겨울의 부채처럼 때에 맞지 않는 물건
❷ 가을 바람에 휩쓸리는 낙엽처럼 맥없이 쓰러짐
❸ 봄의 꽃이나 가을의 보름달처럼 아름다운 자연
❹ 일년 중 밤이 가장 긴 날

B225b

마츠시다의 철학

개인별 · 능력별 학습 프로그램

B단계 교재 B226a-B240b

이번 주에 배울 한자			
來 올 래	往 갈 왕	古 옛 고	今 이제 금

금주평가	읽기	쓰기	이번 주는?
	Ⓐ 아주 잘함	Ⓐ 아주 잘함	· 학습방법 ① 매일매일 ② 가끔 ③ 한꺼번에 - 하였습니다.
	Ⓑ 잘함	Ⓑ 잘함	· 학습태도 ① 스스로 잘 ② 시켜서 억지로 - 하였습니다.
	Ⓒ 보통	Ⓒ 보통	· 학습흥미 ① 재미있게 ② 싫증내며 - 하였습니다.
	Ⓓ 부족함	Ⓓ 부족함	· 교재내용 ① 적합하다고 ② 어렵다고 ③ 쉽다고 - 하였습니다.

♣ 지도 교사가 부모님께	♣ 부모님이 지도 교사께

종합평가	Ⓐ 아주 잘함	Ⓑ 잘함	Ⓒ 보통	Ⓓ 부족함

원교 반 이름 전화

기초 탄탄한 교육 · 기초 탄탄한 학습
기탄교육
www.gitan.co.kr / (02)586-1007(대)

지난 주에 배운 한자를 큰 소리로 읽으면서 써 보세요.

봄 춘	봄 춘	봄 춘	봄 춘	봄 춘
春	春	春	春	春

여름 하	여름 하	여름 하	여름 하	여름 하
夏	夏	夏	夏	夏

가을 추	가을 추	가을 추	가을 추	가을 추
秋	秋	秋	秋	秋

겨울 동	겨울 동	겨울 동	겨울 동	겨울 동
冬	冬	冬	冬	冬

이번 주에 배울 한자를 큰 소리로 읽으세요.

올 래(來)에 대해 알아봅시다.

래 또는 내라고 읽습니다.
온다는 뜻입니다.

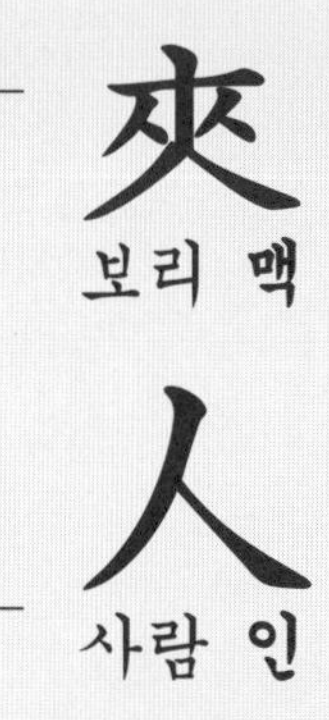

보리는 하늘에서 가져 온 사람의 곡식이라는 뜻입니다.

● 빈 칸에 알맞은 글을 쓰세요.

來는 ☐ 또는 ☐ 라고 읽습니다.

☐☐ 는 뜻입니다.

필순에 따라 來를 바르게 쓰세요.

총 8획

來 (①~⑧)	來	來	來	來
來	來	來	來	來

● 뜻과 음을 소리내어 읽으면서 來를 쓰세요.

올 래	올 래	올 래	올 래	올 래
來	來	來	來	來

● 빈 칸에 알맞은 한자와 뜻, 음을 쓰세요.

來				올	래
한자	뜻	음	한자	뜻	음

글을 읽고, 來가 나오는 낱말을 알아봅시다.

來日(내일)은 아일랜드 수상이 우리 나라와
무역 去來(거래)를 하기 위해 來訪(내방)하는 날입니다.
아일랜드는 여러 모로 우리 나라와 비슷한 나라입니다.
來歷(내력)을 살펴보면,
우리 나라가 오랫동안 일본의 식민지였던 것처럼
아일랜드 역시 영국의 식민지였다가 독립한 나라입니다.

- 來訪(내방):찾아옴
- 來歷(내력):지나온 자취
- 去來(거래):물건을 사고 파는 일

빈 칸에 알맞은 한자를 쓰세요.

내	방	내	력	거	래
來	訪	來	歷	去	來
	訪		歷	去	

흐린 글자를 따라 쓰면서 來를 익히세요.

來는 래 또는 내라고 읽고, 온다는 뜻입니다.

來는 보리가 하늘에서 가져 온

사람의 곡식이라는 뜻을 나타내는 한자입니다.

來의 획수는 총 8획입니다.

뜻과 음을 크게 읽으면서, 來를 쓰세요.

來	來	來	來	來	來
來	來	來	來	來	來

來는 사람 인(人) 부수의 한자입니다.

사람에게 보리를 가져온 것은 하늘입니다.

참고 보리 맥의 바른 한자는 麥입니다.

한자의 음을 쓰고, 맞는 것끼리 연결하세요.

來訪(　　)	지나간 자취
來歷(　　)	찾아옴
去來(　　)	물건을 사고 파는 일

來가 들어간 낱말을 찾아 ○표 하세요.

去來　冬寒　來訪　冬季

갈 왕(往)에 대해 알아봅시다.

왕이라고 읽습니다.
간다는 뜻입니다.

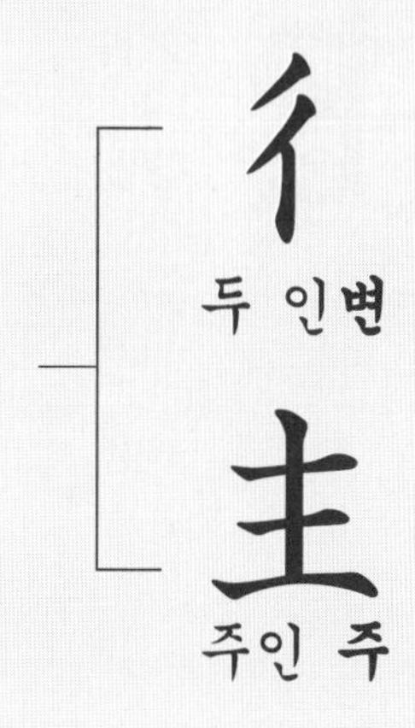

종은 바쁘게 걸어서 주인에게 가야 합니다.

참고 彳부수는 빨리 걷는다는 뜻을 가지고 있습니다.

● **빈 칸에 알맞은 글을 쓰세요.**

 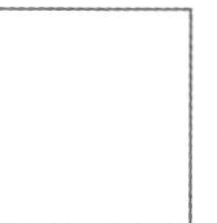 이라고 읽습니다.

 는 뜻입니다.

필순에 따라 往을 바르게 쓰세요.

총 8획

往	往	往	往	往
往	往	往	往	往

● 뜻과 음을 소리내어 읽으면서 往을 쓰세요.

갈 왕	갈 왕	갈 왕	갈 왕	갈 왕
往	往	往	往	往

● 빈 칸에 알맞은 한자와 뜻, 음을 쓰세요.

往		
한자	뜻	음

	갈	왕
한자	뜻	음

글을 읽고, 往이 나오는 낱말을 알아봅시다.

우리집에 往來(왕래)하는 아버지 친구 한 분이 있습니다.
옛날에 무슨 회사 사장이었다고 하는데,
지금은 직업이 없다고 합니다.
아버지께서는 往往(왕왕) 막노동이라도 하라고 권하지만,
그 분은 화를 내면서 이렇게 말하곤 합니다.
"그래도 往年(왕년)엔 나도 사장이었다구!"

- 往來(왕래):가고 오고 함
- 往往(왕왕):때때로
- 往年(왕년):지난 날

빈 칸에 알맞은 한자를 쓰세요.

왕	래
往	來
	來

왕	왕
往	往

왕	년
往	年
	年

흐린 글자를 따라 쓰면서 往을 익히세요.

往은 왕이라고 읽고, 간다라는 뜻입니다.

往은 종은 바쁘게 걸어서 주인에게

가야 한다는 뜻을 나타내는 한자입니다.

往의 획수는 총 8 획입니다.

뜻과 음을 크게 읽으면서, 往을 쓰세요.

往	往	往	往	往	往
往	往	往	往	往	往

往은 두 인변(彳) 부수의 한자입니다.

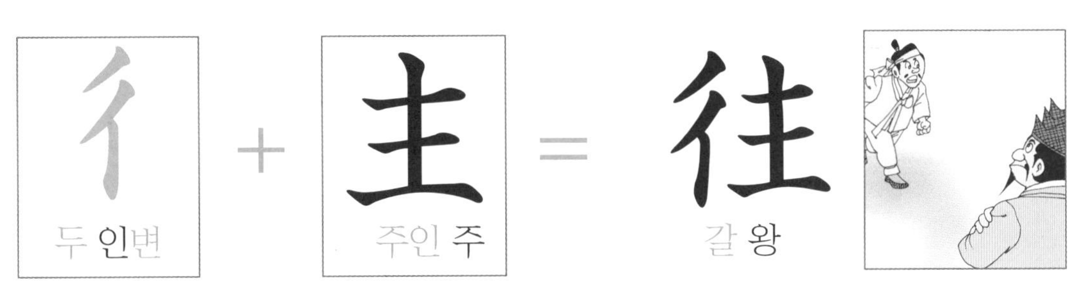

주인에게 바삐 뛰어가는 종의 모습을 나타내는 한자입니다.

한자의 음을 쓰고, 맞는 것끼리 연결하세요.

往來(　　)・　・가고 오고 함

往往(　　)・　・지난 날

往年(　　)・　・때때로

往이 들어 있는 낱말을 찾아 ○표 하세요

來日　往往　往年　去來

옛 고(古)에 대해 알아봅시다.

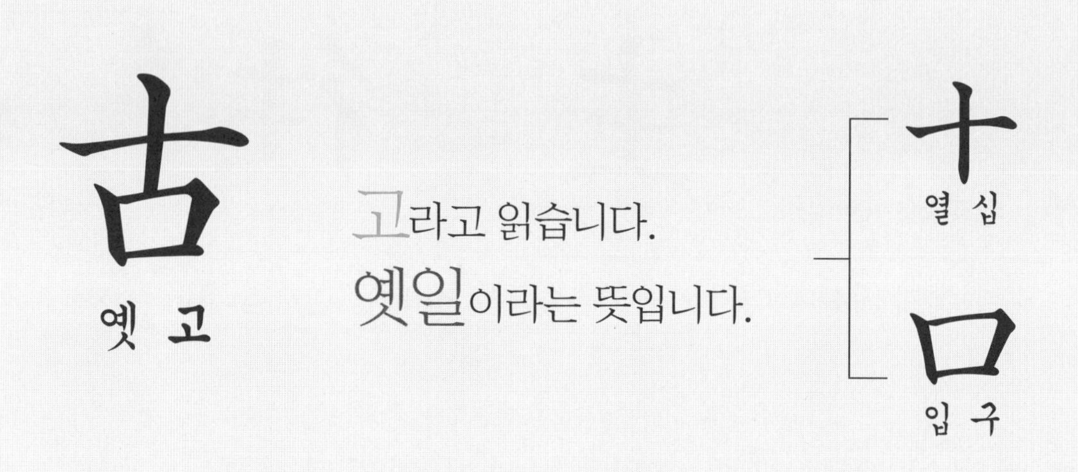

● 빈 칸에 알맞은 글을 쓰세요.

古는 ☐ 라고 읽습니다.

☐☐ 이라는 뜻입니다.

필순에 따라 古를 바르게 쓰세요.

총 5획

古 ①②③④⑤	古	古	古	古
古	古	古	古	古

●뜻과 음을 소리내어 읽으면서 古를 쓰세요.

옛 고	옛 고	옛 고	옛 고	옛 고
古	古	古	古	古

●빈 칸에 알맞은 한자와 뜻, 음을 쓰세요.

古				옛	고
한자	뜻	음	한자	뜻	음

글을 읽고, 古가 나오는 낱말을 알아봅시다.

북한산에 올라갔습니다.
산 중턱에 古刹(고찰) 하나가 있었습니다.
그 절의 스님께서 나에게 산 아래를 가리켰습니다.
"저기를 보렴. 古宮(고궁)이 마치 성냥곽 같지 않니?"
그 말을 듣고 보니 그런 것 같았습니다.
내가 절 주위에 쌓아둔 古物(고물)들을 보고 말했습니다.
"저건 보물이예요, 아니면 고물이예요?"

- 古刹(고찰):오래된 사찰(절)
- 古宮(고궁):오래된 궁궐
- 古物(고물):오래된 물건

※ 刹은 刹의 俗字(속자)입니다.

빈 칸에 알맞은 한자를 쓰세요.

고	찰	고	궁	고	물
古	刹	古	宮	古	物
	刹		宮		物

흐린 글자를 따라 쓰면서 古를 익히세요.

古는 고라고 읽고, 옛일이라는 뜻입니다.

古는 십대 이상에 걸쳐 입으로 전해져 내려오는

옛날 일을 나타내는 한자입니다.

古의 획수는 총 5획입니다.

뜻과 음을 크게 읽으면서, 古를 쓰세요.

古	古	古	古	古	古
古	古	古	古	古	古

古는 입 구(口) 부수의 한자입니다.

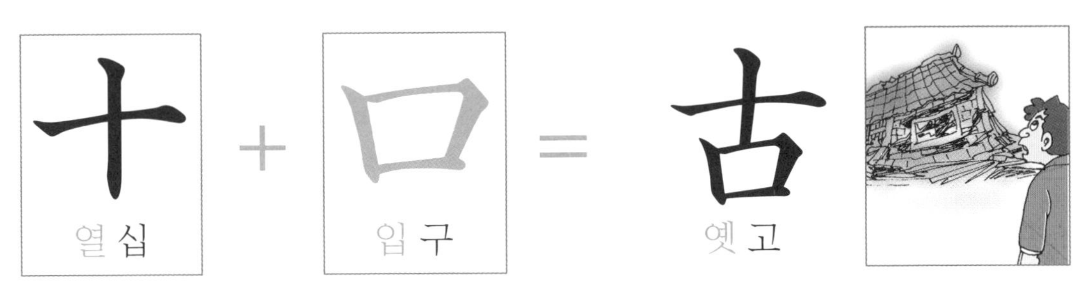

십대를 걸쳐 입에서 입으로 전해져 내려오는 것은 옛날 일입니다.

한자의 음을 쓰고, 맞는 것끼리 연결하세요.

古物(　　) •	• 오래된 절
古刹(　　) •	• 오래된 궁궐
古宮(　　) •	• 오래된 물건

古가 나오는 한자를 찾아 ◯표 하세요.

古宮　往來　往往　古物

 이제 금(今)에 대해 알아봅시다.

이제 금

금이라고 읽습니다.
이제라는 뜻입니다.

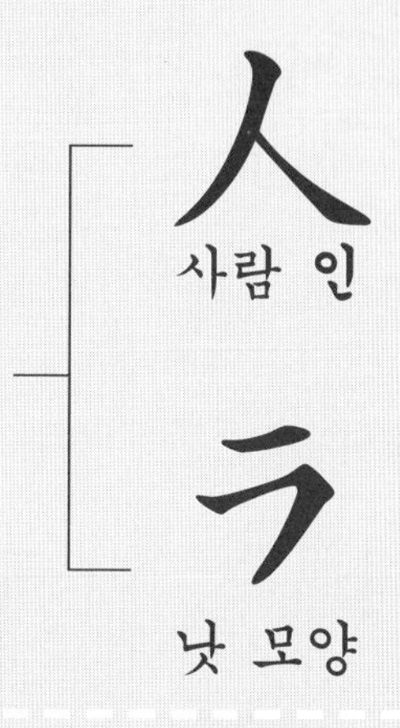

사람이 낫을 들고 지금 막 밭으로 일하러 가는 것을 나타낸 한자입니다.

●빈 칸에 알맞은 글을 쓰세요.

 은 ☐ 이라고 읽습니다.

 라는 뜻입니다.

필순에 따라 今을 바르게 쓰세요.

총 4획

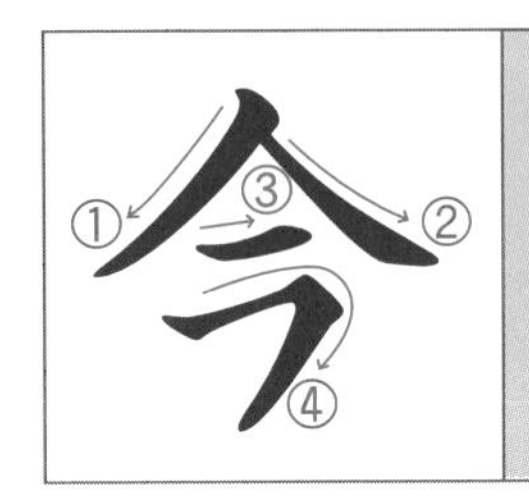

● 뜻과 음을 소리내어 읽으면서 今을 쓰세요.

이제 금	이제 금	이제 금	이제 금	이제 금
今	今	今	今	今

이제 금	이제 금	이제 금	이제 금	이제 금
今	今	今	今	今

● 빈 칸에 알맞은 한자와 뜻, 음을 쓰세요.

今		
한자	뜻	음

	이제	금
한자	뜻	음

글을 읽고, 今이 나오는 낱말을 알아봅시다.

只今(지금) 우리 나라 경제가 어렵다고 합니다.
작년보다 今年(금년)이 더 사정이 어렵다고들 말합니다.
今週(금주)에는 학교에서 강연회가 있었습니다.
어려운 경제 사정을 이겨나가려면,
우리 어린이들도 용돈을 아껴서
부모님을 도와야 한다는 내용이었습니다.

- 只今(지금):바로 이 시간
- 今年(금년):올해
- 今週(금주):이번 주

빈 칸에 알맞은 한자를 쓰세요.

지	금	금	년	금	주
只	今	今	年	今	週
只			年		週

흐린 글자를 따라 쓰면서 今을 익히세요.

今은 금이라고 읽고, 이제라는 뜻입니다.

今은 사람이 낫을 들고 지금 막 밭으로

일하러 가는 것을 나타내는 한자입니다.

今의 획수는 총 4 획입니다.

뜻과 음을 크게 읽으면서, 今을 쓰세요.

今	今	今	今	今	今
今	今	今	今	今	今

今은 사람 인(人) 부수의 한자입니다.

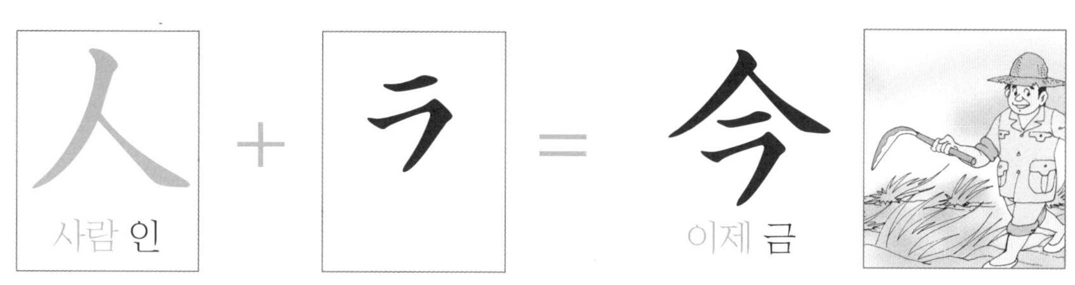

사람이 낫을 들고 막 일을 하러 나갑니다.

한자의 음을 쓰고, 맞는 것끼리 연결하세요.

只今(　　) •	• 이번 주
今週(　　) •	• 올해
今年(　　) •	• 바로 이 시간

今이 나오는 낱말을 찾아 ◯표 하세요.

古刹　古物　只今　今年

뜻과 음을 읽으면서, 이번 주에 배운 한자를 쓰세요.

올 래	올 래	올 래	올 래	올 래
來	來	來	來	來

갈 왕	갈 왕	갈 왕	갈 왕	갈 왕
往	往	往	往	往

옛 고	옛 고	옛 고	옛 고	옛 고
古	古	古	古	古

이제 금	이제 금	이제 금	이제 금	이제 금
今	今	今	今	今

그림과 관계 있는 한자를 선으로 이어 보세요.

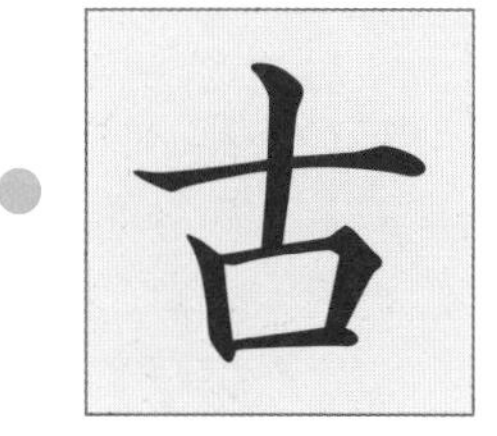

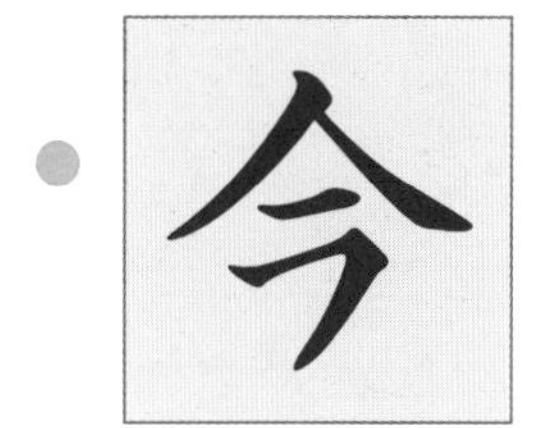

빈 칸에 공통으로 들어갈 한자를 찾아 연결하세요.

去		물건을 사고 파는 일
	訪	찾아옴

	來	오고 가고 함
	年	지난 날

	宮	오래된 궁궐
	物	오래된 물건

只		바로 이 시간
	年	올해

古

今

往

來

 빈 칸에 알맞은 한자를 쓰세요.

내	일
	日

내일 만나

왕	년
	年

고	물
	物

금	년
	年

동화를 읽고, 빈 칸에 알맞은 한자를 쓰세요.

구두쇠 가르치기

어떤 마을 古家(고가;오래된 집)에 자기 손에 들어온 것이라면
꼭 움켜쥐고 쌓아두기만 하는 부자가 살고 있었습니다.
이것을 보고 그 마을을 자주 往來(왕래)하던
스님이 부자를 찾아갔습니다.
"예를 들어서 只今(지금) 내 주먹이 펴지지 않는다면
난 어떻게 될까요?"
스님이 주먹을 내보이면서 부자에게 묻자,
곧 퉁명스런 대답이 나왔습니다.
"장애자이지요."
"그럼, 그렇다면, 내가 편 손을 접을 수가 없다면?"
"그것 또한 장애자이지요."
"그렇다면 당신도 마음의 장애자입니다.
손을 펴서 물건을 나누어 줄 줄도 모르고,
한 번 가지면 펼 줄도 모르니까요."
그제야 구두쇠는 낯을 붉히면서 자신을 회개했다고 합니다.

올 래	갈 왕	옛 고	이제 금

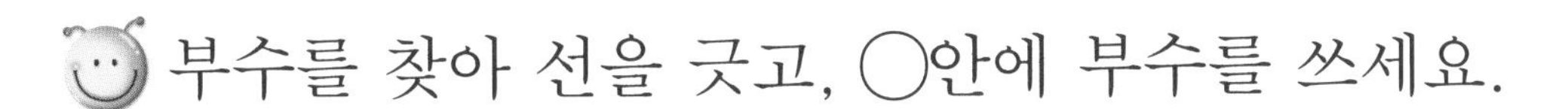

부수를 찾아 선을 긋고, ◯안에 부수를 쓰세요.

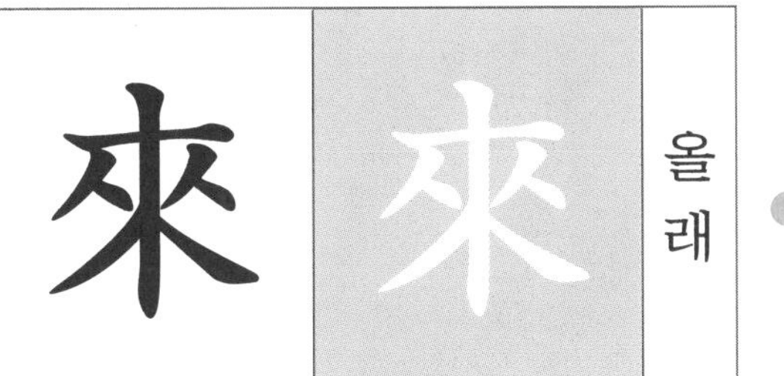

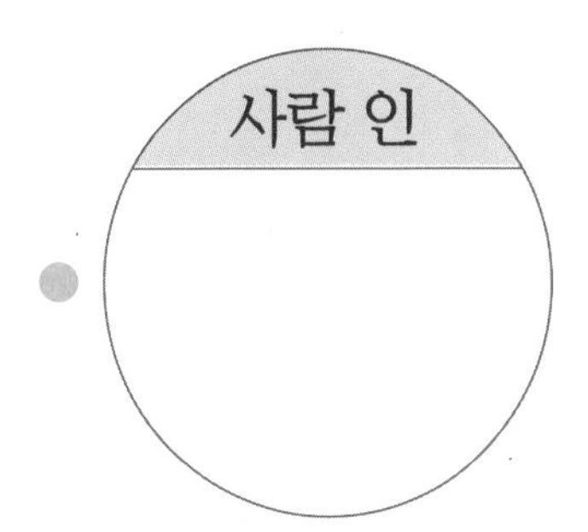

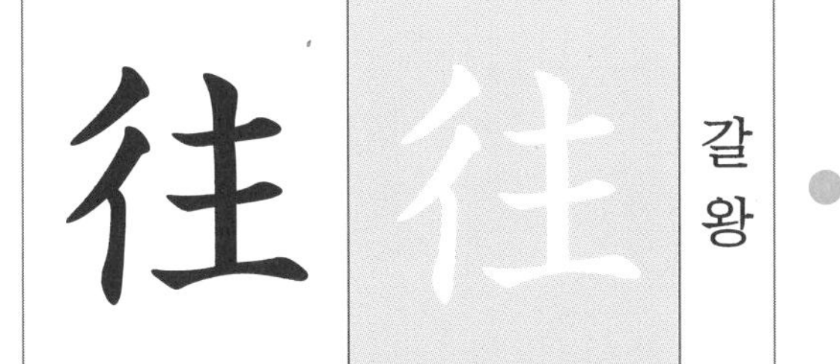

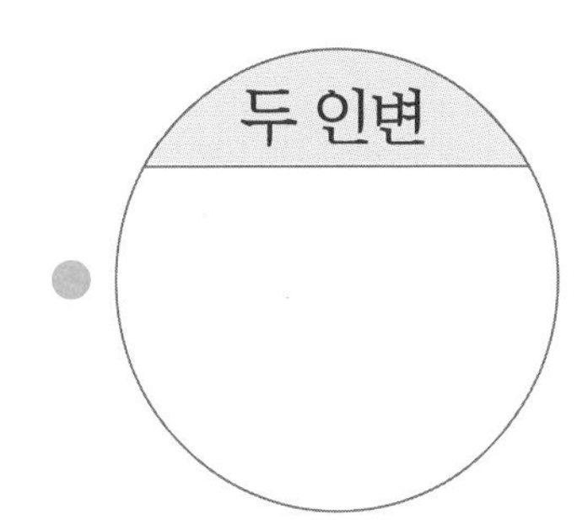

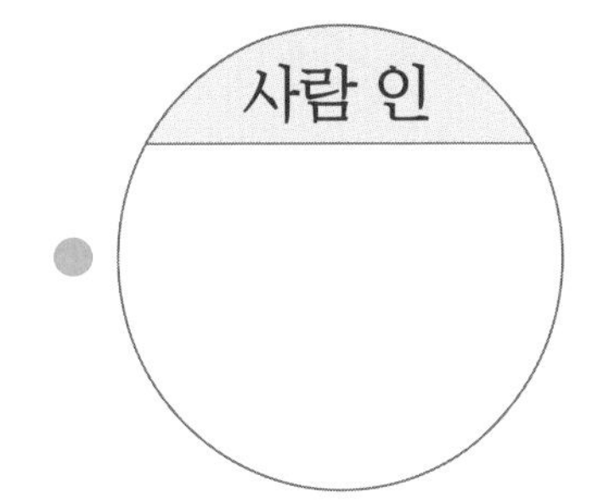

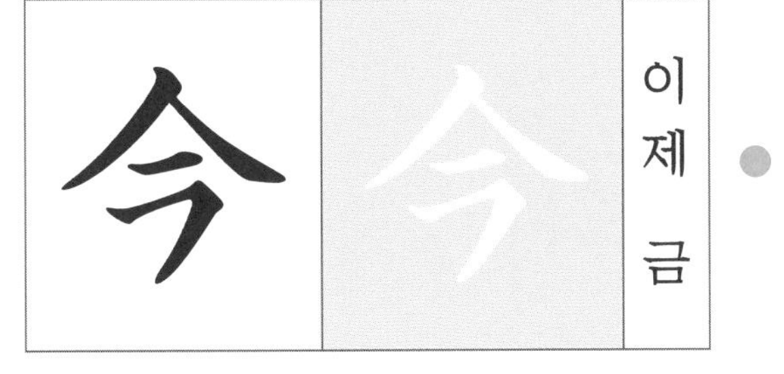

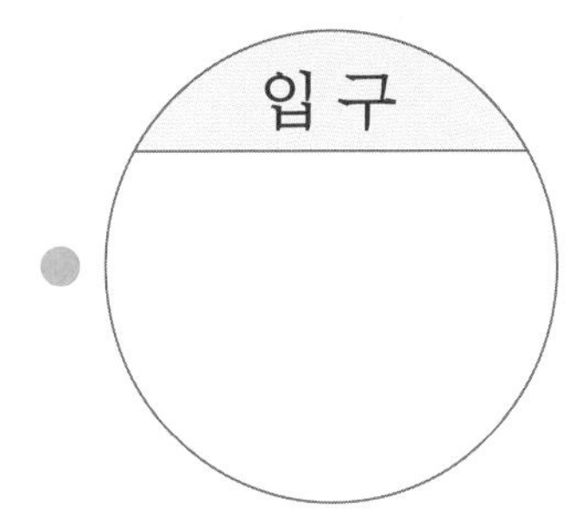

B239b

서로 알맞은 것끼리 선을 이으세요.

이 달에 배운 한자를 다시 한 번 써 보세요.

前 앞 전			
後 뒤 후			
多 많을 다			
短 짧을 단			
高 높을 고			
低 낮을 저			
出 나갈 출			
朝 아침 조			

春 봄 춘			
夏 여름 하			
秋 가을 추			
冬 겨울 동			
來 올 래			
往 갈 왕			
古 옛 고			
今 이제 금			

옷으로 사람을 평가하다니

한자 복습 B-4

뜻과 음, 한자를 바르게 쓰고, 부수 한자를 익히세요.

前	刂 부수 한자				
	앞 전				
後	彳 부수 한자				
	뒤 후				
多	夕 부수 한자				
	많을 다				
短	矢 부수 한자				
	짧을 단				
高	高 부수 한자				
	높을 고				
低	亻 부수 한자				
	낮을 저				
出	凵 부수 한자				
	나갈 출				
朝	月 부수 한자				
	아침 조				

한자 복습 B-4

뜻과 음을 읽으면서 한자를 써 보세요.

春	日부수 한자 봄 춘				
夏	夊부수 한자 여름 하				
秋	禾부수 한자 가을 추				
冬	冫부수 한자 겨울 동				
來	人부수 한자 올 래				
往	彳부수 한자 갈 왕				
古	口부수 한자 옛 고				
今	人부수 한자 이제 금				

부록

한자 복습 B-4

뜻과 음을 읽으면서 한자를 써 보세요.

한자	부수 / 뜻·음				
前	刂 부수 한자				
	앞 전				
後	彳 부수 한자				
	뒤 후				
多	夕 부수 한자				
	많을 다				
短	矢 부수 한자				
	짧을 단				
高	高 부수 한자				
	높을 고				
低	亻 부수 한자				
	낮을 저				
出	凵 부수 한자				
	나갈 출				
朝	月 부수 한자				
	아침 조				

부록

한자 복습 B-4

뜻과 음, 한자를 바르게 쓰고, 부수 한자를 익히세요.

한자	뜻/음	春			
春	뜻	春			
	음				
夏	뜻	夏			
	음				
秋	뜻	秋			
	음				
冬	뜻	冬			
	음				
來	뜻	來			
	음				
往	뜻	往			
	음				
古	뜻	古			
	음				
今	뜻	今			
	음				

부록

한자 복습 B-4

뜻과 음, 한자를 바르게 쓰고, 부수 한자를 익히세요.

한자	뜻/음				
風	뜻				
	음				
里	뜻				
	음				
片	뜻				
	음				
鬼	뜻				
	음				
魚	뜻				
	음				
老	뜻				
	음				
邑	뜻				
	음				
革	뜻				
	음				
上	뜻				
	음				
中	뜻				
	음				
下	뜻				
	음				
位	뜻				
	음				

부록

한자 복습 B-4

뜻과 음, 한자를 바르게 쓰고, 부수 한자를 익히세요.

한자	뜻 / 음				
東	뜻				
	음				
西	뜻				
	음				
南	뜻				
	음				
北	뜻				
	음				
七	뜻				
	음				
九	뜻				
	음				
百	뜻				
	음				
千	뜻				
	음				
左	뜻				
	음				
右	뜻				
	음				
内	뜻				
	음				
外	뜻				
	음				

부록

한자 복습 B-4

뜻과 음, 한자를 바르게 쓰고, 부수 한자를 익히세요.

한자	뜻/음				
己	뜻				
	음				
自	뜻				
	음				
弓	뜻				
	음				
支	뜻				
	음				
曰	뜻				
	음				
止	뜻				
	음				
寸	뜻				
	음				
雨	뜻				
	음				
犬	뜻				
	음				
禾	뜻				
	음				
草	뜻				
	음				
舟	뜻				
	음				

한자 복습 B-4

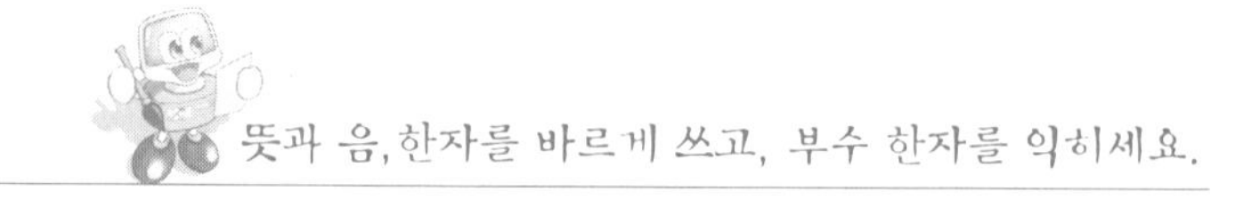

한자	뜻/음				
靑	뜻				
	음				
赤	뜻				
	음				
身	뜻				
	음				
骨	뜻				
	음				
鳥	뜻				
	음				
羽	뜻				
	음				
谷	뜻				
	음				
食	뜻				
	음				
角	뜻				
	음				
馬	뜻				
	음				
鹿	뜻				
	음				
音	뜻				
	음				